ELOGIOS SOBRE **EL EFECTO**

«La serie de libros de "Mentoring para comunicadores inteligentes" de la autora Sonia González A. marcó una importante pauta sobre el arte de la comunicación en el mundo de habla hispana. Por eso la menciono en mi libro venidero sobre el poder de escuchar. Ahora con *El efecto* demuestra una vez más la importancia de generar un impacto y dejar huella en las personas cuando nos comunicamos. Sin duda, este será un nuevo *bestseller* que dará claves aplicables para el éxito profesional y personal. Reafirma mi lema: El secreto de saber hablar, es saber escuchar».

—Ismael Cala
Presentador y periodista CNN en Español
Miami, FL

«En este libro podemos ver el vivo reflejo de lo que las personas impactan con su vida. Sonia González A. es el mejor ejemplo de lo que podemos influir en los demás. Con su profesionalismo, dedicación y entrega ha generado un gran "efecto" en muchas personas y, aun más importante, nos ha mostrado cómo encontrarlo y transmitirlo. Desde la primera página este es un libro fascinante que nos lleva a descubrirnos, cuestionarnos y concientizarnos para producir el mejor efecto posible en nuestro entorno».

—Kees Stapel
Ganador del programa de televisión *El aprendiz*
Bogotá, Colombia

«La forma magistral en que mi amiga Sonia González A. describe el efecto que todos tenemos nos hace tomar conciencia que es más importante el fondo que la forma, y no es solo el resultado de técnicas y reglas de la comunicación. Es un asunto del corazón, tocando aquellos que están heridos. Sin embargo, las palabras que salen de un corazón sanado, son como un bálsamo al alma y producen un efecto de receptibilidad al que escucha».

«Hace unos cuantos años con mi esposa Patricia conocimos el "efecto Sonia" tal como los colegas de CNN. En este libro ella cuenta, sin decirlo, los secretos de su éxito. Esto le va a ayudar a descubrir su estilo propio y a causar con lo que usted tiene, sin imitar a otros, la mejor impresión en los demás. Porque no hay tal cosa como la pretensión de "pasar desapercibido" quiera usted o no. Como nos dice la autora: todos dejamos huella. Y algunos hasta fragancia. Espero que Dios le inspire leyendo estas páginas; se las recomiendo. Y a nuestra amiga Sonia, la autora, también».

—Esteban Fernández
Expresidente Editorial Vida, presidente de Bíblica
Miami, FL

«El efecto es un espejo de la personalidad de Sonia González A. Materializa una enseñanza de la cuota diaria de aliento, seguridad y confianza que comunica con afecto, y que ojalá todos aprendamos a comunicar en la misión de ser mejores personas y causar el efecto de construir un mundo mejor».

—Carlos Gustavo Álvarez
Escritor y periodista, Portafolio El tiempo
Asesor de comunicaciones para la presidencia en empresas como ETB y EPM
Bogotá, Colombia

SONIA GONZÁLEZ A.

EL **EFECTO**

DESCUBRA LA RIQUEZA DE ESE «ALGO» QUE USTED TRANSMITE

GRUPO NELSON
Una división de Thomas Nelson Publishers
Desde 1798

NASHVILLE   DALLAS   MÉXICO DF.   RÍO DE JANEIRO

Editora en Jefe: *Graciela Lelli*
Diseño: *Grupo Nivel Uno, Inc.*

ISBN: 978-1-60255-887-8

Impreso en Estados Unidos de América

13 14 15 16 17 BTY 9 8 7 6 5 4 3 2 1

«Para Sonia, socia del corazón, con todo el cariño del autor de este libro y todo el cariño de Gabriel».

—GABRIEL GARCÍA MÁRQUEZ

Firma en el libro de sus memorias, *Vivir para contarla*, durante la visita de la autora a su casa de México, 16 de octubre de 2012, justo treinta años después del Nobel.

DEDICATORIA

A Daniel y Ángela, por el efecto de su singular nobleza. Por celebrar conmigo cada página de este libro y de mi vida. Mi sueño es verlos brillar con efecto propio. Los amo con todo el corazón. ¡Gracias hijos!

A Gabriel García Márquez, por toda una vida de influencia literaria. Por treinta años de un Premio Nobel que aún celebramos al son de flautas de millo, tamboras, gaitas y acordeones. Por el efecto imborrable de ese memorable día en Estocolmo, vestido con su impecable y monumental liquiliqui blanco. ¡Gracias primo!

A todo el equipo de Grupo Nelson por el efecto de su poderoso respaldo global en este maravilloso vuelo como escritora y conferencista. Es un privilegio pertenecer a su distinguido portafolio de autores de bestsellers, ahora bajo la inmensa sombrilla de HarperCollins. ¡Gracias amigos!

CONTENIDO

EL **EFECTO** ES USTED. ¡CONÓZCALO!

AUN CUANDO PERMANEZCAN CALLADOS, HERMÉTICOS, TÍMIDOS e inexpresivos, todos los individuos transmiten «algo», a partir de su esencia particular. Incluso dormidos, quietos, distantes o de espaldas, siempre infunden parte de sus vidas en las otras personas a su alrededor. Tan solo con el ejercicio permanente e involuntario de respirar proyectan una imagen. Un clima interior que trasciende y revela ese «aire» personal. Nadie sabe cómo llamarlo, pero es evidente que ¡está ahí!

Ese «soplo» vivencial y personal que no se oye, ni se ve, ni se siente, pero que usted lo respira desde su interior, lo infunde en el ambiente y hasta parece que lo deja impregnado en su entorno. Esa huella, esa marca personal... todo eso y más, es el efecto. Es el aliento de vida, el soplo sobrenatural infundido desde el Génesis hasta hoy, lo que nos deja ver únicos. Uno por uno, todos somos individuos con un efecto personal propio. ¡Fascinante!

La palabra *individuo*, según el *Diccionario de la lengua española*, se define así: «Que no puede ser dividido; persona, con abstracción de las demás».[1] Es decir, que cada individuo es único, jamás es igual a otro. ¡Qué maravilloso milagro de vida! Ese soplo superior lo hizo a usted, y a cada individuo, absolutamente particular.

Por todo eso, tratar de definir y describir el efecto no es nada fácil. Nadie sabe dónde queda, ni cómo utilizarlo. Aquí analizaremos ese fabuloso dispositivo que siempre está ahí, como un diferencial indescriptible, intangible y fantástico, que nos conecta de manera exclusiva con los demás y nos hace irrepetibles. Es justo ese «no sé qué» invisible, pero tan real, lo que lo llevará por las páginas de este fascinante recorrido del efecto. Querrá profundizarlo y disfrutarlo, para descubrir por fin el secreto de cómo potenciar su proyección como persona. Los secretos invisibles de su efecto lo harán mucho más visible.

Este es un tema apasionante. Un descubrimiento que he realizado día a día en los diagnósticos de habilidades comunicacionales para la alta gerencia de las empresas multinacionales en Latinoamérica y el mundo de habla hispana en Estados Unidos. Después de quince años en este ejercicio de analizar a las personas cuando se expresan en público, realizan presentaciones o exponen un informe de gestión en una sala de juntas, puedo decir hoy con entera seguridad que, entre miles de líderes diagnosticados, no hay uno solo que no produzca un efecto particular.

Lo que me impresiona es la falta de conciencia de las personas acerca del efecto que transmiten. En la mayoría de los casos, ni siquiera saben que cuentan con él. Esa, mi estimado lector, es justo la razón de ser y el propósito de este libro: llevarle a conocer su efecto personal, enseñarle a conectarse con él y a empoderarlo, para que usted brille como persona. Así podrá multiplicar los talentos y todo su conocimiento. Se trata de crecer y subir de nivel.

A partir de todo este trabajo de años por la concientización de la comunicación inteligente, la gente entiende cada vez más la necesidad de ser más asertiva, persuasiva y de alto impacto en cuanto al arte de hablar, escribir o escuchar. Pero necesitan ir más allá. Porque en la comunicación, como en todas las artes, siempre hay mucho más. Es un universo imparable y asombroso, que requiere de una permanente actualización y profundización.

Por eso podemos decir que El efecto es la ampliación de los tres libros de la serie «Mentoring para comunicadores inteligentes» publicados por Grupo Nelson.[2] También traigo aquí, en bandeja de plata, la extensión del legado de mi padre, Gonzalo González Fernández, un mentor único en el tema de las letras. Lo que le transmito hoy en estas páginas, mi querido lector, es la riqueza de una herencia y el fruto de una experiencia de años de trabajo arduo como periodista, mentora empresarial e investigadora infatigable del tema. Llevar al máximo potencial el efecto de su comunicación es para mí una pasión que llevo puesta y que transmito con mucha intensidad en todos los países a donde me invitan como autora y conferencista, con extraordinarios resultados.

Hoy miro con mucha alegría cómo varios de mis colegas comunicadores y algunos de mis discípulos y alumnos se han dedicado a estudiar, aplicar y enseñar mis tres libros publicados sobre habilidades de comunicación[3] como material de consulta. Algunos los utilizan para enseñar en colegios, universidades y empresas para sus clases sobre cómo ser un comunicador asertivo, persuasivo y de alto impacto. Así cumplo mi objetivo y mi sueño de «construir una cultura de comunicación inteligente».

Hace una década, hablar de competencias comunicacionales en las corporaciones era absurdo, casi que insólito. No se usaba. La gente iba a la universidad a entrenarse en todo y a recibir conocimientos especializados en diversas áreas, pero no le enseñaban cómo transmitirlos con una buena comunicación. Aprendieron muy bien su profesión, se especializaron y se doctoraron, pero nadie les enseñó cómo comunicar bien sus ideas.

En esa práctica serie de tres libros, estudiamos sobre las técnicas de asertividad y persuasión. Ahora, con el efecto, entramos en un nuevo nivel, mucho más alto, de la inteligencia de la comunicación. Esto es otra dimensión. Aquí ya no analizaremos ni estudiaremos las habilidades técnicas para transmitir mensajes en público. Tampoco consejos sobre escribir documentos claros y concretos. Ni sobre cómo escuchar de manera empática y dinámica. Ahora nos dedicaremos a ampliar el efecto que usted puede producir en cualquier lugar y frente a diversos públicos. No solo en auditorios formales, sino también en los informales y personales, que a veces cuestan más.

Los presidentes y gerentes de entidades deben tener algo bien claro: con un buen programa de entrenamiento se puede llegar a hablar, escribir y escuchar bien. Pero si no saben cuál es el efecto que generan como personas en su casa, con su familia, en los pasillos de la empresa, en el restaurante, en medio de las conversaciones informales... aún les falta recorrer un importante tramo en este camino del desarrollo de la competencia de comunicación. Hablar en público no es lo único que define la asertividad de la comunicación personal. El espectro del efecto es muchísimo más amplio. Es la vida misma.

Porque es tal vez allí, en esos escenarios informales, donde usted podrá influenciar más que en cualquier otro lugar. Es decir, su comunicación formal —de auditorio y sala de juntas—, debe ser tan buena como la informal de los ascensores y cafeterías de la entidad o universidad, en la sala de su casa o frente a frente con los vecinos de su barrio.

El segmento faltante de su propia comunicación, lo encontrará cuando descubra cuál es el efecto que usted causa. Detectarlo, entenderlo, descifrarlo, concientizarlo e interiorizarlo, lo llevará a alcanzar niveles más altos de autoridad como líder de alto impacto.

Fíjese bien cuando se va a dirigir a un auditorio o a un grupo de amigos. Antes de que usted abra la boca y salude, ya ha aparecido su efecto personal. Porque el efecto no lo generan las palabras ni el discurso memorizado, sino «aquello» que está ahí y habla por sí solo. «Eso» que usted inspira y transmite por la piel, los poros, cada pestañeo, gesto, actitud, movimiento... y que se refleja en los demás, sin proponérselo.

Quienes lo «leen» a usted, se basan más en la percepción que en la razón, la intelectualidad o el conocimiento. Lo reciben primero con los sentidos naturales: la vista, el olfato o el oído. Luego lo decantan en una segunda fase por las emociones y le colocan un signo: me gusta o no me gusta.

El mayor éxito de las redes sociales y, en particular, del Facebook, está en esa sensación casi adictiva de todas las personas en el mundo que esperan con ansias saber cuántas personas le dieron un «Like» (me gusta) a su foto o su mensaje escrito. O cuántos le dan una estrella de «Favorito» a sus trinos en Twitter. ¡Es impactante! Por eso la comunicación virtual es un escenario perfecto para medir el *efecto* que causa una persona con su comunicación.

Si se trata de una presentación gerencial, solo después de que logre cautivar a su público con su impresión personal, este comenzará a interiorizar la información y el mensaje que usted lleva preparado en el videobeam o retroproyector. La primera impresión es lo que cuenta. La información técnica y el aprendizaje vendrán después, porque aunque sí son muy importantes, no podrán entrar sin antes haber realizado el ingreso triunfal de ese primer impacto llamado: el efecto personal.

Luego deberá mantenerlos hasta el final, enamorarlos, motivarlos y persuadirlos, con el efecto estable de un buen comunicador. Permanezca con el nivel de su efecto en alto. Porque sería fatal que lograra atraparlos en la primera escena y luego los pierda por falta de sustancia. El efecto debe ir de principio a fin y ser sostenible.

Un mal efecto podrá botar a la basura el contenido de una excelente presentación. Por el contrario, un buen efecto personal puede mejorar al máximo una presentación normal. Porque el *efecto* es un factor diferencial fascinante que, al descubrirlo, podrá empoderarlo cada día más. Por no tratarse de una habilidad o un talento tangible, su desarrollo no es técnico y masivo, sino muy experiencial y vivencial. El efecto tiene que ver con la imagen. Con el sello personal. No se puede narrar o explicar de manera fácil —insisto—, pero es claro que todos los seres humanos producen un efecto singular.

Más allá de lo perceptible en sus palabras, mirada, postura, expresión del rostro, seguridad, inclinación de cabeza, presentación personal, movimientos de sus manos... Lejos de toda expresión visible captada por los sentidos, cada individuo proyecta un mensaje tan diferente como su color de piel o el iris de sus ojos.

El efecto le hace impar. Forma parte de su ADN, su firma y su huella dactilar. No importa si el que ha estado a su lado es su hermano gemelo o mellizo ni si son idénticos en lo físico. Su mamá los distingue con facilidad porque, desde la cuna, siempre reconoció «eso» que producía cada uno de los dos cuando lloraban o reían. El efecto es el resultado asombroso que deja el rastro de su ser en otros. Es su identidad. El efecto es usted.

Sonia González A.

CAPÍTULO 1

EL **EFECTO** SE TRANSMITE Y SE PROYECTA. ¡CONCIENTÍCELO!

ESA TARDE PRIMAVERAL DE ABRIL, MIENTRAS CAMINÁBAMOS apresurados por los pasillos del edificio del One CNN Center en Atlanta, Georgia, mi colega y gran amigo Kevin Cook —en ese momento director de comunicaciones para Latinoamérica y el Caribe de la organización global World Vision International—, estaba sorprendido por la forma como la gente se dirigía a mí con una amabilidad inusual.

Íbamos a una cita estratégica con Robert Lenz, gerente de asignaciones del canal, para presentarle una campaña de prensa sobre la niñez en Latinoamérica. Mientras llegábamos a la reunión, algo sucedía en el ambiente a mi alrededor. Aquel enorme hombre de raza negra encargado de la recepción, la vendedora rubia de la tienda de *souvenirs* CNN, los amigos periodistas latinos, todos me saludaban y sonreían con gentileza y extraordinaria cortesía.

Para mí todo eso era normal y cotidiano. Pero el señor Cook estaba atónito por la respuesta tan amable de la gente hacia mí. Se notaba un poco asombrado. Su perfil de hombre serio, con talla de periodista mundial, muy profesional, con estilo imponente, severo, directo, práctico y objetivo, de pronto comenzó a distenderse. Relajó un poco su ceño siempre fruncido y con entonado acento estadounidense les dijo sonriente a los colegas de CNN: «¡Este es el efecto Sonia!». Todos rieron y celebraron su broma. Luego repitió lo mismo frente a la importante comitiva que nos recibió en el

Aeropuerto Internacional de Los Ángeles, California, a donde íbamos a visitar a los colegas de *Los Angeles Times, La opinión* y Univisión.

Eso fue en el año 2002. Me quedó tan marcada su mirada estupefacta ante la gentileza de la gente conmigo y su expresión —¡el efecto Sonia!—, que desde entonces (hace diez años) no he parado de analizar e investigar el tema del efecto que uno causa en los demás, aun sin proponérselo. Así fue como el efecto se convirtió en parte de mi plan de capacitación empresarial. Luego, en una atractiva conferencia con la que he visitado grandes escenarios en diferentes países y ahora, por supuesto, en el título y tema central de este libro.

Lo propuse después de una exitosa conferencia en una feria de libros en el World Trade Center de Ciudad de México, al visionario vicepresidente de Grupo Nelson, Larry A. Downs. Gracias a su fino olfato para saber cuándo uno de sus autores prepara un *bestseller* bien marinado, hoy usted tiene en sus manos esta obra que espero le sirva en su comunicación y la disfrute al máximo, como una agradable lectura para su ánimo.

Esta permanente investigación de la comunicación inteligente me ha llevado a descubrir las riquezas y los secretos del efecto. Su tarea ahora será identificarlo en usted mismo y también en las personas a su alrededor. Saber cuál es ese «algo» especial que lo lleva a generar un impacto ante la gente le servirá para influenciar, impactar, ser eficiente, asertivo, persuasivo y, sobretodo, para conquistar su sueño.

El efecto que causamos lo vemos cada día reflejado en el espejo. También si filmamos una presentación o una animada reunión entre amigos, podremos analizar con detenimiento la comunicación no verbal y el lenguaje corporal. Pero el principal medidor del efecto es la reacción que despertamos en las personas a nuestro alrededor. Préstele atención a la respuesta que le dan los familiares, amigos, subalternos, vecinos y todas las personas a dondequiera que llega.

A partir de estas páginas entenderá que, sin hacer nada para generarlo, usted produce un efecto en la atmósfera. Es una realidad tan física como el tono de su piel y tan espiritual como su esencia, a imagen de Dios. El secreto está en encontrar cuál es el diferencial de su efecto con relación al de todos los demás. Aceptarlo, valorarlo y amarlo. De esa manera lo podrá potenciar al máximo. Le dará el mayor aprovechamiento para ser exitoso en la vida y servir a las personas en base a su propia particularidad.

En mi caso, encuentro que mi mayor diferencial es la calidez. Está impregnada en mi naturaleza. Así nací: alegre, sonriente, vivaz, vibrante, emotiva, efusiva, bailadora, cantadora, chispeante y comunicativa. ¿Por qué?... No lo sé. Solo sé que ese es mi diseño personal. Conectarme con mi efecto y mi diseño original me permite ser una persona segura, realizada y feliz. Por añadidura, eso me lleva a importantes escenarios internacionales como autora y conferencista exitosa. Así, cumplo mis sueños y sobrepaso las expectativas de mi visión original.

Las personas como yo, con el efecto calidez, nunca nos proponemos nada para generar ese resultado. Pero siempre lo producimos. Porque nos encanta sonreír, hablamos con pasión, les brindamos afecto a las personas, las miramos a los ojos con verdadero interés, les damos ánimo, motivación y, sobretodo, las valoramos. ¡Nos encanta la gente! Todo eso produce en nuestra zona de influencia un vibrante impacto especial, un nivel de empatía muy alto y algo que no se puede expresar en términos científicos, pero que está ahí. Es un sello obvio, innegable, visible, inconfundible: es el efecto calidez.

No se puede decir que el efecto es una «energía» —como se le llama ahora a todo aquello que no sabemos cómo describir— es mucho más que eso. Necesitamos concientizarlo para empezarlo a describir y analizar, como parte de nuestro «mentoring para comunicadores inteligentes» iniciado con mi anterior serie de libros acerca de habilidades de comunicación: hablada, escrita y de escucha.[1]

Por todo eso, y mucho más, este libro se llama así: «El efecto». Con permiso de Kevin Cook, que se encuentra ahora en África, como director global de comunicaciones de World Vision International. Por lo que veo en Facebook, ahora les sonríe a los hermosos niños de raza negra, a su linda familia, a los leones, los elefantes y las cebras, con mucha calidez, según muestran sus extraordinarias fotos, desde Kenya.

Ahora en mi día a día, como mentora de entidades, cuando estoy en una exhaustiva capacitación o conferencia para un público numeroso, siempre les pregunto a algunos de los asistentes: ¿Qué les transmito? y la gente me dice cosas como: «entusiasmo, pasión, fuerza, ganas, energía, criterio, inteligencia, renovación, intensidad, alegría, seguridad, estilo...» y un montón de cosas más. Luego les digo: «Muy bien, ese es el mío, pero... ¿cuál es su efecto?». Se quedan pensativos y me miran sorprendidos, como con una incógnita dibujada en la frente.

Sé bien lo que transmito. Estoy segura de que ese es mi efecto personal y el sello de mi éxito como comunicadora y como persona. Mi tarea ahora es pulirlo y mejorarlo día a día. Potenciarlo y aprovecharlo al máximo, como mi mayor activo. Ese ha sido mi oficio por los últimos años en los procesos de *mentoring* en comunicación para miles de profesionales de entidades multinacionales. Sé que será mi ejercicio físico, emocional y espiritual para toda la vida. Un proceso de transformación y mejoramiento continuo, delicioso, apasionante e imparable.

Durante un programa de capacitación para más de 1,500 funcionarios en la empresa Avianca, comprobé la dimensión del valor fascinante de la calidez en la comunicación. Espero que transforme también su vida y le lleve a hacer el clic con su propio efecto. Siempre que termino el diagnóstico de debilidades y fortalezas en las competencias comunicacionales de ejecutivos en distintas ciudades de Colombia, México, Paraguay, Costa Rica, Brasil, Perú, Ecuador, Miami, Nueva York, Washington, Portland, Tulsa, Los Ángeles, Atlanta, Dallas, Houston... muy dentro de mí queda siempre un sentimiento: esto es mucho más que una capacitación en técnicas de comunicación efectiva.

Por eso hoy estoy frente a usted, amigo lector, con el reto vivencial de enfocarlo en ese «algo» que va mucho más allá de sus aptitudes, habilidades y destrezas comunicacionales. Juntos le apuntaremos al nivel más alto de su efecto y de su proyección personal. Porque, aunque no lo crea, el efecto lleva su nombre.

Me gusta siempre mencionar la película Kung Fu Panda, de Walt Disney. Aquel torpe, feo, ojeroso, pero hermoso oso grandulón, se sentía inferior a sus competidores para encontrar el mapa del éxito. Pero cuando descubrió el rollo, lo abrió y no había más que un espejo. Al mirar el espejo, se vio él mismo. Ese era el mapa del éxito.

Puede que no fuera el más lindo, ni el que tuviera mayores destrezas, ni el más talentoso, ni con mayores credenciales, pero su valor fue encontrar su propia valía, independiente de los demás. Al verse reflejado, descubrió el efecto en el espejo. Ese era el mapa que lo llevaría al éxito rotundo.

Mi meta es empoderar su efecto como una herramienta de crecimiento. Colocar en sus manos ese mapa con espejo incluido. Impulsarlo y promoverlo a través de su diferencial. Desde su esencia. Hasta ver el cambio extremo, no solo en su vida, sino en la de su familia. Hasta que lleguemos a transformar la cultura de cada entidad, ciudad y nación, y la llevemos a una cultura de comunicación inteligente.

Gerardo Volio, presidente y fundador de Volio & Trejos —una de las entidades constructoras más sólidas y exitosas de Latinoamérica—, concluyó después de tres días de entrenamiento con su equipo, en enero de 2012: «Esto es mucho más que una capacitación». Fui a parar a su empresa porque me vio en una entrevista en CNN con Ismael Cala y le dijo a su gerente administrativa, Gisella Vargas: «Contáctala, la necesitamos aquí ya». Volio es un depurador infatigable de la comunicación, con espíritu de mejoramiento continuo y excelencia. Tuvimos un programa de capacitación grandioso en San José, Costa Rica, sumergidos con su comité ejecutivo y toda la empresa en el entrenamiento de las habilidades comunicacionales.

Lo que comenzó como un taller, hoy es un programa de largo alcance para el desarrollo de la empresa. Ellos siguen mis libros de habilidades de comunicación y los tienen como material permanente de consulta. Yo sigo como su mentora en comunicación, con mucho honor. Creo que tiene toda la razón Gerardo Volio. Esto es mucho más que enseñar a hablar, escribir o escuchar de manera asertiva y persuasiva, como comunicadores de alto impacto. Se trata de transformar a las personas. De darles herramientas para la vida. De llevarlas a encontrarse con ellas mismas.

Me parece que todo este proceso de estudio del efecto es como el buen vino y los mejores quesos: madurado en su propia esencia. Lo invito ahora a degustarlo. Juntos podemos ingresar en esta maravillosa tarea dinámica y lúdica de detectar, reconocer y aprovechar el efecto que usted mismo causa en su zona de influencia.

¿Sabe usted cuál es su efecto? Permítame ayudarle a descubrirlo, potenciarlo y maximizarlo, hasta llegar a disfrutarlo. Será un proceso poderoso. Comience por reconocer la necesidad de encontrar la conexión con la esencia única en usted. Al hacer ese clic interior, descubrirá el efecto y será imparable el resultado. El efecto no se mide de manera cuantitativa sino cualitativa. En las universidades empresariales a donde voy, me piden siempre una evaluación de cada uno de los entrenados. Siempre califico la aplicación que lograron en la técnica. Pero cuando llego al espacio de las «Observaciones» es donde de verdad creo que sí puedo calificar: describo sus cualidades y destaco su potencial. Mi calificación siempre le apunta a su efecto, por eso a ellos les encanta. Porque desde niños solo los evaluaron con cifras.

Muchas veces los asistentes a los entrenamientos, al leer las observaciones, han entendido de verdad cuáles son sus virtudes potenciales en la comunicación y en su capacidad de transmitir. Algunos hasta han decidido cambiar de carrera o piden ser reubicados en su puesto de trabajo.

Descubrir el efecto es sensacional. Puede salvarlo de graves equivocaciones. Porque al enchufarse con él, usted logrará alinearse con su verdadera felicidad. Sabrá para qué es bueno. Le orientará para entender lo que en realidad le gusta hacer en la vida y cómo llevarlo a su mayor potencial.

El Nobel de Literatura Gabriel García Márquez dice: «Creo, con una seriedad absoluta, que hacer siempre lo que a uno le gusta, y sólo eso, es la formula magistral para una vida larga y feliz».[2]

El sí que lo sabe. Del olvidado pueblo de Aracataca donde nació —al igual que mi padre—, a Barranquilla, luego al periodismo en Bogotá —en *El espectador*—, después a las grandiosas novelas y de allí al Nobel. Más de cien años de efecto.

Descubrir el efecto que causamos es parte de esa felicidad. Porque nos alegra saber por dónde enfocar lo que realmente somos. Nuestro efecto se relaciona con aquello que nos apasiona y con lo que más nos gusta hacer en la vida. Cada uno genera uno muy distinto. Solo si se ubica bien en el suyo, logrará los sorprendentes resultados que tanto ansía obtener en su proyección personal.

Por ejemplo: si mi efecto es el de la calidez, logro transmitir mensajes de manera asertiva y persuasiva, porque me encanta la gente. Por eso debo dedicarme a motivar a las personas. Solo entonces sabré que no me encuentro en el lugar equivocado. Porque la comunicación es mi pasión, las relaciones con las personas son mi dicha. Si mi oficio se orienta hacia esa meta, quiere decir que estoy bien direccionada para lograr un efecto exitoso. Pero si mi efecto es la calidez y me dedico a realizar tareas que no requieren de un relacionamiento amable con la gente, sino más bien policivo, de dar órdenes estrictas y muy tajantes, entonces: primero, nunca desempeñaré bien la tarea. Segundo, nunca seré feliz, sino una mediocre y desgraciada para toda la vida.

Por el contrario, si mi efecto fuera la autoridad rígida, directa, fuerte y autoritaria, no me sentiría realizada como comunicadora. Porque para dedicarse al oficio de la comunicación y ser feliz, se requiere del efecto calidez. ¡Al extremo!

Potenciar el efecto es alcanzar la conexión con el diseño original de cada uno. Eso le ayudará a encontrar más fácilmente su propósito en la vida. Porque cuando esté seguro de cuál es el efecto que causa, experimentará una sensación de seguridad y confianza, por la valoración de sí mismo y de la riqueza de sus talentos. Lo que impulsa el propósito es la esencia interior de las personas. Su interioridad. No las oportunidades o requerimientos externos que les ofrece o impone la vida. Porque estos son apenas circunstanciales, pero no esenciales.

Si empodera y maximiza el efecto, será como los mayordomos fieles de la parábola de las monedas de oro en la Biblia, que multiplicaron al ciento por uno lo poco que les recomendó su señor. Por eso les dijo: ¡Bien, buen siervo! En lo poco has sido fiel, en lo mucho te pondré. Pero si no sabe encontrar, ni valorar su efecto, será como el siervo infiel de la parábola, que prefirió esconder sus talentos debajo de la tierra, porque le dio miedo y se acobardó.

Sea valiente. No esconda su efecto. Vamos a empoderarlo al cien por ciento.

CAPÍTULO 2

EL TESORO DE LOS SIETE SECRETOS DEL **EFECTO.** ¡ENCUÉNTRELO!

DESCUBRIR EL EFECTO HA SIDO UN SERIO, FUERTE Y CABAL TRABAJO de investigación que llegó a convertirse en una formidable revelación de siete secretos básicos, gracias a este apasionante enfoque en la construcción de una cultura de comunicación inteligente en Latinoamérica, Estados Unidos, Europa y todo el mundo de habla hispana. Este libro es una invitación abierta a realizar su propio ejercicio de búsqueda, hasta descubrir la revelación de esos siete secretos del efecto. Esta tarea será tan sorprendente y maravillosa que, le aseguro, usted terminará por convertirse en una especie de detector del efecto suyo y el de otras personas.

Entender esos secretos enriquecedores del efecto que uno transmite a la gente, concientizándolos y sensibilizándolos, permite empoderar mucho más el impacto de la comunicación a la vez que se logra un mayor alcance de los mensajes que expresamos y la imagen que transmitimos a los demás.

Quien entienda estos siete secretos y los lleve día a día a la práctica, podrá considerarse un comunicador asertivo y persuasivo, que sabe cuál es el propósito de sus palabras en cada escenario, formal o informal. Más allá de información escueta, aburrida y desabrida.

Así que le invito a analizar cada uno de esos siete secretos y a llevarlos a la práctica, para alcanzar con más facilidad los sueños que se ha trazado y que muchas veces se ven truncados o bloqueados por problemas y conflictos de comunicación. Esos siete secretos se le convertirán en claves vitales que podrá aplicar no solo en su profesión, empresa o universidad, sino también en el día a día personal, como receta perfecta para disfrutar la vida.

Los siete secretos del efecto:

- Secreto #1: Efecto afecto
- Secreto #2: Efecto bumerán (retorno)
- Secreto #3: Efecto calidez
- Secreto #4: Efecto gente de potencial. ¡*Power people!*
- Secreto #5: Efecto PIC: Pasión, Innovación, Coraje
- Secreto #6: Efecto reflejo
- Secreto #7: Efecto valoración

Secreto #1: Efecto afecto

La comunicación persuasiva no se conecta desde el intelecto, sino desde el corazón.

Las manifestaciones afectuosas de quien se comunica producirán una impresión imborrable en el ánimo de su público y le ayudarán a conseguir el objetivo del mensaje con mayor facilidad y éxito. Incluso cuando el auditorio sean los hijos, la familia o los amigos. El secreto del afecto resume en sí mismo todos los demás secretos de una comunicación de alto impacto. Las señales de afecto que transmitimos a las personas generan en ellas un efecto ochenta por ciento superior al que podemos lograr con mensajes muy buenos en la técnica, pero distantes, fríos, poco amigables y alejados de los sentidos. El afecto produce impresionantes resultados en la persuasión y la asertividad, mayores que todo lo que podríamos lograr solo a punta de habilidades comunicacionales, por más desarrolladas que estas sean.

Usted puede ser buen orador o escritor, pero si no conoce la ley del efecto afecto, nunca llegará a trascender las fibras más profundas de sus oyentes, porque no pasará de darles una buena enseñanza o información, sin tocar su corazón, justo el lugar desde donde los podrá conquistar. Mucho más que eso, el secreto del efecto afecto le conducirá a transformar su manera de relacionarse, de dirigirse a otros y de conseguir resultados en cualquier campo. Sea como maestro, vendedor, abogado, médico, publicista, músico, presentador de televisión, cantante, ingeniero, cualquiera que sea su oficio.

Cualquier disciplina es mucho más efectiva cuando se realiza con afecto. El viejo esquema de la comunicación a partir de lo rígido, distante y petulante, está mandado a recoger. Porque solo genera resistencia y rechazo. Una persona sin afecto muestra frialdad, rigidez y autoritarismo, lo cual conduce al camino del control intolerante. El paradigma le dice que debe ser duro, «directo», muy tajante y «sin pelos en la lengua» para que le crean. Ser tosco y ofensivo no es ser sincero. Es ser grosero. La asertividad, por otro lado, es el justo equilibrio entre ser pasivo y agresivo. Es equilibrio en la comunicación. Puede ser que alguien agresivo hasta logre resultados, pero no pasará de ser más que un comunicador efectivo. Para crecer como un comunicador de alto impacto, se requiere escalar las empinadas rocas de la sensibilidad. Necesita conectarse con las personas, desde el único tomacorrientes que funciona: el afecto.

La Real Academia de la Lengua Española define *afecto* como: «(Del lat. *affectus*). Inclinado a alguien o a algo. Cada una de las pasiones del ánimo, como la ira, el amor, el odio... y especialmente el amor o el cariño».[1] Luego define *efecto* como: «(Del lat. *effectus*) Aquello que sigue por virtud de una causa. Impresión hecha en el ánimo. Fin para que se hace algo».[2] Si unimos estas dos definiciones, tendremos como conclusión el secreto del efecto afecto completo: *Inclinarse hacia alguien con afecto, pasión, amor y cariño, producirá un efecto que le dejará una impresión en su ánimo, y ayudará a conseguir el fin deseado.*

Los sentidos y el efecto

Con el auge de las neurociencias han surgido conceptos como programación neurolingüística (PNL), neuromarketing y neurocomunicación. Son parte de aquello que la gente está buscando para alcanzar el éxito, a partir de la programación interior y el análisis de las emociones. Lo clave es cómo se relacionan con el efecto, ya que estudian todo lo que influye en la proyección personal. Serán motivo de otro análisis, pero me interesa mencionarlas aquí, como parte interesante del futuro de todos los estudios acerca del impacto de la comunicación.

Transmitimos a la gente lo que llevamos por dentro, pero no solo en el cerebro y el sistema neurológico. Nuestra expresión es resultado de todo aquello que llevamos en el corazón. Positivismo o negativismo. Alegría o amargura. No podemos generar el efecto positivo, si dentro llevamos una fuente negativa. Imposible.

Por más que tratemos de programarnos para pensar y hablar en positivo, si no arreglamos el asunto desde la fuente misma, no podremos conseguirlo. Porque el efecto que causamos se genera desde lo más íntimo del ser. Desde el corazón. Desde las raíces del ser íntimo de la persona. No desde la superficie. El efecto es profundidad total. No proviene de lo trivial, ni puede aparentarse. Todo lo que transmitimos proviene de la fuente íntima que emana el alma. Allí se encuentran las emociones, el intelecto y la voluntad.

Los sabios proverbios dicen que «no puede brotar de una misma fuente agua dulce y amarga». También que «de la abundancia del corazón, habla la boca». Quiere decir que comunicamos lo que llevamos dentro. El efecto es el resultado de esa riqueza —o pobreza— íntima que viaja con nosotros a dondequiera que vayamos.

Es obvio que me sirve mucho conocer de habilidades comunicacionales. Es mi profesión, mi experiencia y mi pasión. Pero estoy segura de que, por más que tuviera esas competencias altamente desarrolladas, de nada me serviría todo este «factor X», si no contara con el maravilloso diferencial de vivir por principios y valores.

Secreto #2: Efecto bumerán (retorno)

Todo lo que usted transmite a las personas retornará como un poderoso bumerán.

Existe un efecto bumerán (o retorno) en todo lo que usted dice, hace o refleja. Si es áspero, agresivo, soez, intolerante y agrio con las personas cuando les habla o escribe mensajes, eso mismo recibirá de ellas. Pero si, por el contrario, se preocupa por abrir la boca con un espíritu amable, sabe dar consejos y corregir con gentileza, de eso mismo recibirá. Si irradia un efecto de amistad, cordialidad, empatía, entusiasmo, comprensión, consuelo... eso mismo tomará de las personas. Porque el efecto contiene un poderoso *feedback*, una respuesta de retorno indefectible.

Le doy gracias a Dios por tener dos hijos maravillosos, Daniel y Angie. Me precio de saber que nunca en la vida pelean ni se maltratan. Tienen veintiséis y veintiún años, y viven en un ambiente de feliz civilización y amena cordialidad. Son hermosos. Sé que en parte tiene que ver con sus temperamentos. Pero también estoy segura de que, hoy en día, puedo recoger como mamá lo que he sembrado en ellos desde niños, para que crecieran en un agradable ambiente de amor, afecto y armonía infranqueable.

Eso no quiere decir, por supuesto, que hayan visto una mamá perfecta ni hayan vivido en un hogar sin problemas. Por el contrario. Han enfrentado duras circunstancias y dificultades pero, al parecer, entre más difíciles se les presentan algunas temporadas, mejor responden y no dejan de producir ellos mismos en la gente que los rodea un efecto sabio y prudente por el cual me siento de verdad muy honrada.

Por eso le digo a ciencia cierta que, el efecto de la calidez es real. Todo el «power people» que uno puede transmitir a sus hijos y a todos los familiares a través de un poco de amabilidad, tiene trascendencia para toda la vida. Se devuelve. Como un poderoso bumerán. Todo lo que usted refleja con su efecto en las otras personas, en la familia, en la empresa o en cualquier lugar donde ejerce influencia, se le retornará en algún momento. Sea bueno o malo. Nadie puede engañarse. Todo el efecto que el individuo produce, se le retornará.

Cada uno cosecha el efecto que siembra. El que siembra destrucción, recogerá destrucción. El que siembra vida, cosechará vida. No existe la opción de que alguien siembre fresas y coseche peras. Por eso la invitación es a no desanimarse ni cansarse de hablar lo correcto. Aunque a veces no parezca tan atractivo ni divertido. Porque en el tiempo justo cosechará, si no se da por vencido. Siempre que se le presente la oportunidad, hable bien a todos. Como resultado obtendrá el efecto bumerán positivo.

El efecto bumerán se produce en el interior de las otras personas a su alrededor, como resultado de las actitudes y decisiones que usted asume frente a ellos. Según la forma como usted se comunique, ellos se comunicarán con usted.

En los procesos de aprendizaje empresarial sobre comunicación asertiva, realizo un ejercicio fantástico que llamo «la ducha a la autoestima». Consiste en decirle al otro: Te reconozco por... Te admiro por... Te agradezco por... Los líderes se lo dicen a sus subalternos y viceversa. No se imagina el efecto retorno que eso causa en la empresa.

Ni qué decir cuando se trata de los presidentes o gerentes a los que les doy mentoring de comunicación personalizado. Sus esposas me envían flores y regalos de agradecimiento. Porque a partir del aprendizaje, el esposo comenzó a decirle: «Reconozco que...», «Te admiro por...», «Te agradezco por...» y bueno, en este caso, el efecto retorno es formidable. Aun algunos divorcios se pueden evitar, solo por el efecto de decirle al esposo: «Gracias por tu esfuerzo y dedicación cada día». Pero al parecer, los seres humanos estamos más acostumbrados a quejarnos, reclamar, pelear, exigir y demandar... y por supuesto que eso también tiene un efecto, pero mortal.

Si cada uno se preocupara más por reconocer, admirar, agradecer, promocionar y valorar al otro, el efecto retorno daría como resultado gente más motivada, estimulada e incentivada, capaz de conquistar al mundo con más fuerza. Los miembros del grupo de un líder que sabe animar a su equipo son, por supuesto, más efectivos. La empresa mejorará su productividad y su rentabilidad.

Me duele escuchar a los jóvenes profesionales en las empresas, cuando se quejan por la falta de incentivos y valoración de los jefes que solo saben exigir y reclamar. Porque nadie les enseñó la ley del efecto bumerán (retorno). Si de verdad tuvieran clara la fórmula: Valoración = Rentabilidad, creo que comenzarían a esforzarse un poco más por realizar la mejor inversión de su vida: valorar a las personas. El retorno de esa inversión será muy productivo. Créame.

Si los padres tuvieran mayor conciencia de la inversión que realizan al darle más tiempo, espacio, admiración, estímulo y aprecio a sus hijos, se produciría de inmediato el formidable efecto retorno, cuyo resultado se vería en el mejoramiento de las relaciones y del clima familiar. A largo plazo, podrá disfrutarlo al máximo, cuando vea el legado que ha dejado en sus hijos ya grandes que le agradecen, le reconocen y le admiran, por todo lo que usted ha sembrado en ellos.

No cabe duda. Todo lo que usted diga se le devuelve. Para bien o para mal. En beneficio o detrimento suyo. Por eso creo que, a partir de este libro, el compromiso será realizar el ejercicio maravilloso de dar gracias, sonreír, reconocer, admirar y apreciar lo que las personas a su alrededor son y hacen.

El haberle cantado a mi hijo desde niño la famosa y hermosa canción peruana del «Caballero de fina estampa», de Isabel «Chabuca» Granda, se me retornó como mi mejor inversión. Hoy disfruto no solo de ver en Daniel un verdadero caballero —con tremenda estampa—, sino que escucho la canción que me compuso como respuesta, y no puedo dejar de llorar de felicidad. (En compañía de todas las mamás amigas que me acompañan a escucharlo con su guitarra.) Bellísimo.

El haberle dicho toda la vida a mi hija Angie que es una «Princesa hermosa, sabia, dulce y muy valiosa», se me ha retornado como una inversión inteligente. Hoy me siento plena al saber que, a sus veintidós años, Angie es una real princesa, con clase y sabiduría únicas. Ella es de verdad un tesoro, donde la pongan. Mi corazón se extrema de felicidad cuando me hablan bellezas de ella.

Perdón por el engreimiento materno, pero creo que hice bien la tarea. Aunque reconozco que he cometido muchos errores, si me preguntan hoy cuál es el secreto para lograr unos hijos tan destacados y con esas cualidades, debo decir: Ellos dos son el efecto de la valoración que les he dado como madre cada día. Los admiro por lo que son en esencia, les reconozco sus virtudes, les agradezco por ser tan bellos y los impulso en sus talentos. Hoy recojo con inmensa alegría lo que sembré, muchas veces regado con lágrimas.

Lo mismo me sucede en las empresas y organizaciones a donde llego con los procesos de entrenamiento. Cada diagnóstico lo realizo con la misma premisa de reconocer, valorar y empoderar en base a las fortalezas, más que en las debilidades, para llevar a los participantes a extraer lo mejor de sí, como si fueran minas de piedras preciosas, listas para ser pulidas y para brillar.

El efecto bumerán (retorno) que he plantado en cada entidad como pequeñas semillas sembradas, hoy se me devuelve a través del agradecimiento y el afecto de cada uno de los líderes que me encuentro en importantes cargos. Mi mejor pago es verlos transformados y, por ende, realizados. Esa es mi dicha. Por supuesto que el retorno de la inversión también lo veo en la rentabilidad de mi propia empresa, que día a día crece por el «voz a voz» de las personas transformadas por el efecto retorno. Poderoso bumerán.

Estos son los *no* que debe practicar como ejercicio para alcanzar el secreto del efecto retorno:

- No se canse de agradecer.
- No desista en reconocer.
- No cese de admirar.
- No olvide saludar.
- No renuncie a sonreír.
- No se enfoque en las debilidades de los demás, sino en sus fortalezas.
- No deje de decir a otros lo valiosos que son.
- No insista en demandar y exigir... Escuche.

- No responda con aspereza, la blanda respuesta ablanda la ira.
- No sea reactivo, si son groseros, guarde silencio con dignidad.
- No se deje enganchar, si son agresivos, no responda con agresión.
- No hable a otros en base a lo negativo, sino en lo positivo.

Tal vez al comienzo, el ejercicio le parecerá doloroso y hasta imposible de lograr. No se canse. Solo si logra convertirlo en una disciplina permanente, pasará la barrera del dolor y llegará a la meta de disfrutar del efecto bumerán.

Secreto #3: Efecto calidez

En la comunicación asertiva el hielo no se rompe, se derrite con calidez.

La calidez abre puertas enormes. Produce un diferencial impresionante. No solo persuade e impacta, sino que genera en el entorno un ambiente de bienestar que todos querrán recibir. Produce resultados altamente efectivos en la productividad.

Tal como lo dije en la introducción, el llamado «¡Efecto Sonia!», al cual se refería el periodista Kevin Cook cuando veía a la gente sonreír a mi alrededor es el efecto natural de la calidez. Para mí, la calidez es uno de los efectos que mayor impacto logra. Tal vez lo digo como apreciación personal, justo por ser el que he tenido que trabajar, desarrollar, mejorar, pulir y dejar brillar en mi propio perfil, durante toda mi vida. Pero créame que de verdad funciona mucho más que tratar de convencer con frialdad, rigidez, distanciamiento o indiferencia.

Una persona que nace con este efecto natural de la calidez, ya cuenta con unos buenos kilómetros de ventaja en cuanto a su capacidad de impactar, influenciar, dejar huella y lograr resultados en los que le rodean. Cuando uno nace con el efecto calidez debe entender que fue diseñado con un patrón y un propósito providencial para las relaciones y los contactos. Con una capacidad superior de influenciar y de ser un comunicador de alto impacto. Si usted no es cálido, sino más bien austero y distante, pero logra conectarse con este efecto, encuentra aquí un secreto genial para escalar en su desempeño profesional y personal.

Aun en los más efusivos, amables y afectuosos es necesario trabajar la calidez como valor. No solo como una parte natural de su perfil. Porque la calidez como valor implica una transformación del ser mucho más allá de la tipología temperamental natural. Encontrar el punto de calidez perfecto es todo un proceso de maduración, que solo se alcanza cuando se concientiza. La calidez derrite el hielo, relaja el ceño fruncido, presta un servicio de calidad al cliente, desinteresado, genuino, vibrante y feliz, al punto de lograr ventas sin proponérselo. Porque la persona cálida no vende productos, ni ideas, ni proyectos, vende felicidad... felicidad... felicidad... y sin ningún esfuerzo.

Mi mamá, Stella Andrade de González, es un ejemplo perfecto de alguien que produce este maravilloso efecto. No se imagina lo rico que es pasar un domingo en casa con ella. Los veinte nietos, la bisnieta, los cinco hijos, toda la familia, los vecinos, mis amigas de la universidad, los amigos intelectuales de mi papá... No hay una sola persona que no me diga: «Stellita es maravillosa». Nadie olvida un café en su casa porque de una forma sencilla y sin pretensiones, se las arregla para que todo sea agradable, cálido, ameno y delicioso.

En cuanto puede, saca su viejo y pesado acordeón alemán y todos comenzamos a cantar y a tocar otros instrumentos: maracas, capachos, huiros, guacharacas, claves, dulzainas, cucharas, tambores. Mi hermano Santiago toma la guitarra que sabe tocar con un sabor magistral, mi hijo Daniel le sigue con su guitarra exquisita y sus canciones de productor y compositor prodigioso, yo canto algún bolero o vallenato, mis hermanas acompañan con otros temas, compartimos, bromeamos, nos reímos a carcajadas hasta llorar de la risa... Todo el ambiente se convierte en una verdadera fiesta. Es sorprendente: Stellita tiene ochenta años y baila mejor que nadie el zapateo llanero o el pasillo bogotano. Impresionante.

Ella toca la dulzaina y canta con una voz extraordinaria. Siempre está alegre, jovial, muy bien arreglada, perfumada, dispuesta, ágil, sonriente... Al mismo tiempo nos sirve a todos. Es maravilloso cómo esa capacidad de alegría la mantiene rejuvenecida, con todos los sentidos intactos. A los ochenta escribe canciones y es una enamorada de la vida. El médico siempre que la revisa dice: «Mi señora, usted está perfecta». Así como Stellita logra ser un referente de alegría para toda una familia de nietos y bisnietos, pienso que la calidez es un valor que puede cambiar toda la cultura de una organización, una ciudad y un país entero.

El efecto de un saludo cálido en el ascensor, por ejemplo, genera un ambiente de amabilidad en una entidad y puede cambiar todo el día de un ejecutivo estresado y malhumorado en la empresa. El efecto de sonreír en casa puede producir un clima de amor y paz que todos querrán mantener.

Como respuesta a la canción del «Caballero de fina estampa», mi hijo Daniel me compuso una canción el día de mi cumpleaños, el 27 de abril del 2007, cuando se encontraba en Argentina, como estudiante de producción musical. La letra dice:

Mujer preciosa y valiosa
de sonrisa muy fogosa
cuando hablas siempre aprendo
y me gusta escuchar.

Mujer de valentía
de fuerza y alegría,
aún recuerdo cuando niño,
me levantabas al tropezar.

Lámpara llena de aceite
Flecha en manos del valiente
Eres mujer virtuosa
Eres perla en el mar

Y si soy de fina estampa un caballero
Es por ti que me enseñaste a caminar
Crecí conociendo amor verdadero
Llorando en tu hombro,
Palabras de apoyo me animaron a luchar
Y para agradecerte,
Prometo ser el hombre que siempre quisiste formar...

Eres fuerte como hormiga
Preciosa como orquídea
Eres mujer virtuosa
Eres perla en el mar

Y si soy de fina estampa un caballero
Es por ti que me enseñaste a caminar
Crecí conociendo amor verdadero
Llorando en tu hombro
Palabras de apoyo me animaron a luchar
Y para agradecerte,
Prometo ser el hombre que siempre quisiste formar...

Todo eso que dice mi hijo en su más bella canción, escrita con su pluma de compositor prodigioso. Pero lo que más quiero destacar aquí, después de alardear un poco y secar las lágrimas incontenibles de emoción, es lo siguiente: en medio de la calidez, los hijos siempre se sentirán rodeados de amor verdadero. El efecto calidez es el mejor legado que usted les puede dejar. Es inspirador, reanimante y generador de buenas actitudes.

Como si fuera poco, la calidez abre puertas enormes. Produce un diferencial poderoso. Genera en el entorno una contagiosa energía de positivismo y bienestar que todos querrán recibir. Por eso el efecto calidez es, sin duda, el que primero debemos trabajar en nuestro perfil, si queremos llegar a ser unos comunicadores de alto impacto.

Claro que, como todas las virtudes, si la fortaleza de la calidez no se concientiza y se trabaja, termina por convertirse en un defecto mortal y en una de las peores debilidades. Porque el efecto calidez mal manejado y exagerado, produce cansancio. Al final, tanta calidez se torna sofocante. Por eso se debe manejar con mucho equilibrio y asertividad, para producir el impacto deseado, sin pasarse al otro lado.

El efecto de una sonrisa es fantástico, pero el de una carcajada estridente, ruidosa y monótona, puede tornarse fastidiosa y perderse en la hilaridad descontrolada. La calidez se logra en el justo punto medio, entre la sobriedad y la alegría. Entre la gentileza y la autoridad. Entre el buen humor y la serenidad. Es la temperatura perfecta. El «clima» ideal. No se consume en el fuego emocional de los impulsos expresivos, sino que se mantiene en una llama de fuego lento, tranquilo, reposado, en el cual no se queman las mejores conversaciones, sino que se mantienen en su punto ideal.

Una calidez bien concientizada y centrada lleva a una entidad a contar con grandes resultados. La gente sabrá que la empresa tiene «algo» especial, aunque nunca sepan de qué se trata. Será su secreto a voces: ¡Calidez! Todos dirán: «Aquí está pasando algo».

Si usted no cuenta con este tipo de efecto calidez, sino que más bien se presenta frío, distante, un tanto apático y no muy sociable; o si maneja un tono un poco áspero, muy directo y rígido, que parece regañar, aunque trate de ser amable, entonces debe empezar a buscar refuerzo en los otros tipos de diferenciales que vamos a analizar aquí, para poder ingresar al mundo del efecto. No todos tienen que proyectar calidez al cien por ciento. Pero todos deben buscarla como parte de su potencial de comunicación, aunque sean los más serios y austeros.

Pero tranquilo. Hasta que no profundicemos en todos los tipos de efectos posibles, no se dé por vencido. Lo importante es encontrar la conexión interior con su factor X, desde su propia esencia interior. Llegar a la inteligencia de la comunicación implica mirar todo el espectro del efecto, para luego entender cuál es el lado por el cual podremos autorregularnos para, entonces sí, dejar huella y marcar con poderosa influencia. Hasta entonces, continúe la búsqueda del secreto de su propio efecto.

Descubrir el efecto personal es sabiduría. Por eso cuando uno lo encuentra quiere abrazarlo, consentirlo y hasta sacarlo de paseo para comenzar a lucirlo en cada espacio. Lo importante aquí es descubrirlo. ¡Adelante!

Secreto #4: Efecto gente de potencial. ¡Power people!

En los últimos años he dado una conferencia que ha generado los más altos niveles de motivación y empoderamiento, tanto en auditorios latinos como estadounidenses. Se trata de ¡Power people! Gente de potencial. El concepto se lo escuché por primera vez a uno de los gerentes de sistemas más carismáticos que he conocido en mi intenso trasegar empresarial. Se trata del ingeniero David Moreno, un magnánimo ejecutivo de la empresa multinacional Quala S.A., a quien invité a dar una conferencia como «Caso de éxito en liderazgo y comunicación». De manera muy asertiva, David Moreno habló acerca de la «gente de potencial» y de cómo las empresas eligen a un funcionario no solo por sus dotes y conocimientos técnicos, sino por su actitud. Fue un extraordinario aporte a mi auditorio de mentoring para comunicadores inteligentes.

Desde entonces he analizado a la gente de potencial en cada escenario al que voy, cualquiera que sea el perfil de los participantes en el auditorio. Puede ser un comité ejecutivo de una multinacional como GMAC Financiera; una convención para miles de personas de AMWAY (Tulsa, Oklahoma; Portland, Oregon; Atlanta, Georgia); un taller universitario en México, Distrito Federal; o una convención de libreros en Los Ángeles, California; Miami, Florida; Houston, Texas. Siempre los líderes que muestran potencial en su actitud, llevan fuerte ventaja sobre todos los demás en el auditorio. Sean de donde sean.

Finalmente, en un evento para doscientas cincuenta personas de la petrolera Chevron, todo este análisis de la gente de potencial se convirtió en el contenido de una de las conferencias más pedidas en el país y el exterior: *¡Power people!* Por una comunicación asertiva. Hoy en día es toda una nueva metodología de empoderamiento para los líderes que necesitan alcanzar su mayor potencial para lograr mayores resultados en la empresa, en el máster de la universidad o en su vida familiar diaria.

Si me piden que defina *power people*, lo puedo resumir en una palabra: ganas. Cuando la persona transmite energía, deseos de realizar los proyectos, fuerza en el emprendimiento, intención de aportar... Cuando mantiene una postura que dice: «¿Qué más hay por hacer?», sin duda cuenta con el sello *power people*. Será la persona elegida siempre. Por eso quiero darle un capítulo especial aquí al tema, porque se relaciona totalmente con el efecto.

Power people habla de la actitud de las personas que quieren comerse el mundo, basados en el hacer. Por su parte, el efecto habla de la proyección personal, desde la perspectiva del ser. Por eso ambos se interrelacionan de manera directa. Porque sin conocer los secretos del efecto, no se puede llegar a ser *power people*. Por eso, para continuar la secuencia, creo que ese será el tema obligado de mi próximo libro.

Puedo decir, sin lugar a dudas, que el efecto se mide en forma directamente proporcional con el potencial —o *power*—, de la persona. Por su empoderamiento como líder. Por sus ganas. Porque si cuenta con un efecto como el de la calidez, por ejemplo, pero no lo demuestra con una actitud emprendedora adecuada, de nada le servirá. Nadie lo conocerá y, lo peor, no podrá disfrutarlo. Si no existe la actitud correcta, si no hay *power*, jamás conseguirá el efecto deseado. Será uno más del montón.

Siempre pregunto a los vicepresidentes y gerentes de recursos humanos de las diferentes entidades: ¿Cuál es el criterio que utilizan para elegir entre un profesional y otro? Me doy cuenta de que, aunque cuenten con las mismas capacidades, estudios y presencia, al elegir entre los dos siempre dirá sin reservas «este» o «aquel». Porque le impactó ese «algo» que proyecta. Por su actitud frente a la entrevista, su mirada, su sonrisa, sus ganas. Es el efecto ¡*power people*! Como un todo integral.

Los ganadores de la entrevista siempre transmiten una postura decidida a alcanzar los sueños que se proponen. Son capaces de convencer porque se comunican con frases seguras, dinámicas y resueltas. Puede ser que el otro —el no elegido— sea más capaz y más preparado, pero sin duda es la gente que proyecta disposición, entusiasmo y pasión la que es seleccionada para los mejores cargos.

Aclaro que *power people* no quiere decir necesariamente gente efusiva y extrovertida. La gente de potencial puede ser introvertida y tranquila. Pero cuando presenta sus ideas, las vende con inteligencia y con tal seguridad que genera confianza. Cualquiera les cree y les compra lo que sea.

El potencial no depende del temperamento o la personalidad. Aunque sí se manifiesta de diferentes maneras según el estilo personal, pero no está supeditado a la extroversión o a la efusividad.

Me imagino que usted conoce *power people* y mientras lee estas líneas ya le vienen a la cabeza algunos de esos ejemplares especiales, marcados por su forma de ser, que atrae en forma magnética. Su entusiasmo y su manera tan emprendedora de presentar un proyecto, siempre impresionan y convencen.

El efecto que producen las personas con *power people* es arrollador. Son aquellos a los que nada les queda imposible. Si algo no saben, se lo inventan. O se buscan la forma de conseguir a alguien que lo sepa. Pero no naufragan por nada. Si no cuentan con el contacto para lograr algo, lo buscan como sea.

Cuando las personas sufren de apatía, desinterés o «quemimportismo», no pueden calificar dentro del efecto *power people*. Tampoco los miedosos, cobardes, lentos y conformistas. Porque de ellos no se ha escrito nada aún, ni se escribirá. Solo estas líneas. Mucho menos los que muestran una cara negativa ante todo lo que se les plantea. Esos que siempre le encuentran una calamidad a cada oportunidad, una mancha negra ínfima a la pared blanca recién pintada o un problema a cada solución.

Los *power people* siempre le dan una buena cara a las circunstancias adversas, encuentran una oportunidad a cada calamidad, ven la pared blanca hermosa sin fijarse en la mancha imperceptible y encuentran una solución rápida para restaurarla. Son emprendedores por naturaleza. Siempre generan un nuevo proyecto. Por eso se presentan como personas con ganas de vivir, de seguir adelante contra viento y marea, y de no permitir que ninguna adversidad los confunda.

Además son determinados por la excelencia. No les gustan las tareas mediocres y prefieren no hacer nada que hacerlo a medias. Sus trabajos siempre tienen un sello de calidad que sorprende y agrada a la gente. Les apasiona la perfección y no solo la exigen a los demás, sino que se la aplican a sí mismos. Todo eso lo comunican con su expresión verbal y no verbal. Producen un efecto maravilloso en quienes tienen la dicha de contar con ellos como líderes, familiares o amigos.

Si se trata de un subalterno o asistente, se convierte en una verdadera dicha para el jefe. Es la persona que no espera hasta que le digan las cosas, sino que las lleva a cabo cuanto antes con gestión efectiva. Siempre camina una milla más... otra más... y hasta más.

El efecto *power people* produce un alto impacto en el ambiente y afecta todo el clima de la organización o la familia. No solo es generador de entusiasmo, sino gestor de cambio y productor de resultados para la rentabilidad del negocio. Pero como no todas las personas nacieron con esa virtud especial, y algunos más bien sufren por no poseerla, les diré algunas claves para lograr una transformación que los lleve a ese potencial que tanto anhelan pero que les es esquivo.

Una clave que funciona perfecto es: revise sus actitudes y respuestas frente a los proyectos. ¿Le cuesta trabajo sentir entusiasmo con las nuevas tareas?... Siempre que le proponen una nueva estrategia, ¿encuentra la forma negativa de oponerse?... Cuando todos se entusiasman con una iniciativa, ¿a usted le da pereza y prefiere moverse por la ley del menor esfuerzo, resistirse y hacer mala cara?

¡Cuidado! Las personas que mantienen ese tipo de conductas producen un antiefecto mortal en los demás. E incluso dentro de sí mismos. Por eso siempre se sienten frustrados y fracasados. Solo se dedican a observar con resentimiento cómo otros, que pueden no contar con sus habilidades, sí son *power people*, se llevan los mejores lugares y son los más apreciados por los líderes. Para ser una persona con el efecto *power people* se requiere de un cambio total de forma de pensar para que pueda cambiar la forma de actuar.

Por mi parte, creo que nací con el potencial natural del entusiasmo. El emprendimiento y el ritmo interior intenso me han llevado a niveles increíbles de relaciones, contactos, logros y amistades. Puedo decir hoy que soy una persona realizada, con el efecto *power people*. Claro, por supuesto que he tenido que madurarlo, pulirlo, decantarlo... y todavía me falta mucho para perfeccionarlo. Pero me encanta contar con este maravilloso diferencial que hoy quiero transmitirle y animarle a desarrollar.

Porque este efecto *power people* me ha llevado a disfrutar del afecto de las personas que me aprecian por esta actitud «a prueba de todo» que siempre me acompaña. A sentirme feliz por el honor de poderme comunicar con usted, mi querido lector, a través de este libro.

El permanente proceso de cambio y transformación en el que vivo me permite hoy escribir esta obra para compartir con usted la verdadera clave para ser una persona de potencial. No creo que exista otro camino más claro y efectivo hacia el empoderamiento personal que el de buscar la perfección de Dios y permanecer en relación directa y constante con él. Renueva el espíritu, la forma de pensar y, por consiguiente, de actuar. Él hace nuevas todas las cosas.

Si usted se muestra amargado, aburrido, desesperado, frustrado y resentido, con actitudes negativas, hostiles, depresivas, no existe una forma más eficaz y firme de ser transformado en una persona mejor que conocerlo a él. Es decir, que si quiere el efecto *power people* al máximo, encontrarse con él lo puede conducir de manera directa a un cambio que nunca hubiera imaginado. Es como dirían mis queridos amigos del lindo país de Costa Rica: ¡Pura vida!

Pero no basta el cambio interior espiritual. Para una comunicación con verdadero efecto se requiere preparación: estudio, disciplina, investigación, técnica y aprendizaje constante. Son las dos cosas unidas las que logran el más alto impacto y consiguen una verdadera proyección. La una sin la otra le dejarían incompleto el potencial. Puede que funcionen por sí solas, pero no es igual. La fórmula completa para el efecto gente de potencial será:

Transformación y crecimiento interior + actitud y postura

exterior = *Power people*

Más adelante analizaremos algunos efectos especiales de diferentes personajes mundiales que nos permitirán entender un poco más este punto. Por ahora solo le digo: Sin *power* no habrá efecto.

Secreto #5: Efecto PIC: Pasión, Innovación, Coraje

Para explicarle y darle a entender mejor el efecto de manera más clara, práctica y sencilla, diseñé una figura nemotécnica —referente al sistema de memorización. *Mnemotecnia* es el «procedimiento de asociación mental para facilitar el recuerdo de algo»[3] que funciona perfecto, para convertirlo en una fórmula inolvidable.

Todos sabemos que una de las cosas que más afecta nuestra imagen es una foto; *picture*, en inglés. Para hablar en el lenguaje virtual del Facebook o el Twitter la llamaremos «PIC». Por eso diseñé un acróstico que le ayudará con el juego de las letras y que no se le olvidará nunca, como fórmula clave para alcanzar el efecto deseado:

Su mejor PIC =
Pasión
Innovación
Coraje

Pasión, innovación y coraje son tres valores fundamentales para el logro de una comunicación asertiva, persuasiva y de alto impacto. Hablarán bien de usted y mostrarán su mejor imagen como profesional, líder y comunicador. Los revisaremos aquí, uno por uno, para que los interiorice, se los lleve puestos dondequiera que vaya y logre su mejor PIC.

El valor de la pasión

Una persona que muestra pasión por lo que hace siempre será ganadora. Se verá resuelta y decidida. Proyectará mucha energía, fuerza y determinación. Se notará que le gusta, le fascina, le encanta y le estremece lo que hace. Tanto, que hasta pagaría por hacerlo. Todo eso lo refleja, desde su ser interior, en su comunicación.

El *Diccionario de la lengua española* define *pasión* desde dos acepciones o significados: «1. Acción de padecer. Pasión de Jesucristo. 2. Apetito o afición vehemente a algo».[4]

Por un lado, la pasión de Jesucristo es entrega total, amor sufrido, que todo lo da, que entrega la vida entera por su propósito de salvación. Por otro lado, el apetito o afición vehemente implica una persona que, de manera apasionada, da todo por lo que quiere. En la comunicación, la pasión transmite fuerza, vida, acción, intensidad, impacta al auditorio y lo conduce a niveles extremos de motivación y empoderamiento. Aquellos que se comunican sin ningún interés más que el de informar, pero con una actitud aburrida e indiferente, no podrán nunca llevar la marca *power people*, ni producirán jamás el efecto PIC esperado.

La pasión no tiene que ver solo con la sexualidad. Ese es apenas uno de los aspectos en los que se puede expresar. La pasión puede estar presente en el deporte, en la música, en el teatro, en la literatura, en el liderazgo, en la política... en fin, en todas las relaciones que existen. La pasión se transmite de padres a hijos, de maestros a estudiantes, de los líderes con su equipo de trabajo, en el servicio al cliente de una entidad, en la publicidad y el mercadeo, en el canto, en la risa, en el sueño, en la poesía, en la pintura.

La pasión se muestra como una virtud del ser que contagia a las personas a su alrededor y las lleva a sentirse felices de escuchar, leer o disfrutar sus expresiones y su mensaje. Por lo general, la gente tímida, un poco monótona, vive su comunicación en base a varios paradigmas típicos como: «Debo ser muy prudente», «No quiero molestar a las personas con mi ánimo», «No quiero pasarme de la línea», «Mejor me quedo en un rincón y hablo pasito, para no estorbar a nadie».

Permítame decirle algo: Para proyectar pasión, lo primero que debe lograr es vencer esos esquemas arcaicos, miedosos, pusilánimes y medrosos, que le impiden mostrar toda la pasión que usted lleva adentro por ese tema que va a presentar, o ese informe de resultados, o esa descripción de uno de sus sueños ante la familia.

El apóstol Pablo, uno de los más apasionados seguidores de Jesús y del evangelio, les recordaba a sus amigos: «[Pidan a Dios] por mí, a fin de que al abrir mi boca me sea dada palabra para dar a conocer con *denuedo* el misterio del evangelio» (Efesios 6.19). En las versiones actualizadas la palabra *denuedo* se traduce como «valor». Denuedo quiere decir que no le tiembla la voz. Estoy segura de que la mejor forma para conseguir verse más seguro, confiado, convincente y persuasivo es mostrar una alta dosis de pasión por lo que se va a decir.

Siempre lo compruebo en los ejercicios de mentoring comunicacional con los ejecutivos. En el momento en que le imprimen un nivel más alto de pasión a su mensaje, de manera inmediata y automática, se ven más seguros, valientes, confiados, persuasivos y, por supuesto, de alto impacto. Como se dará cuenta, a mí me produce pasión empoderar a las personas en la comunicación. Hablo con vehemencia sobre el tema porque creo de verdad que, una persona que no transmite con pasión, no llegará muy lejos.

Por supuesto, si usted está leyendo este libro, es porque le interesa ser una persona con el efecto PIC. Por eso le animo a que comience por aplicarle buenas dosis de ánimo, resolución, fuerza, energía y mucha pasión a todo lo que transmita. Además de lograr el efecto deseado, sentirá que las personas a su lado le apreciarán y admirarán porque consigue resultados increíbles en todo lo que se propone.

Derribe ese gigante de tres patas: cobardía, apatía e inseguridad. Siempre se le atravesará en medio de todas las acciones de su vida y no le permitirá fluir en sus relaciones. Mucho menos producir el efecto *power* que necesita para ser una persona altamente efectiva en la comunicación y las relaciones interpersonales.

No olvide esta clave: Desde el primer instante en que salga al ruedo de la comunicación, arranque con pie derecho: imprímale una buena dosis de su PIC al saludo inicial. Por favor, no me diga como muchos de los asistentes a mis talleres y conferencias: «Debido al miedo escénico, me cuesta comenzar a transmitir el mensaje entre los primeros quince a veinte minutos pero, después de media hora, ya se me quita y puedo seguir con mucho ánimo». A cada persona que me dice eso le respondo: «Ya perdiste». Porque es en los primeros quince segundos que las personas transmiten algo interesante y producen un efecto, el cual irá de la mano del nivel de pasión que le imprima a su comunicación.

El ejercicio que enseño para entender esto es el siguiente: Al subir a una tarima para hablar en público, en una sala de juntas para veinte personas, en una conversación de cinco funcionarios en una oficina, en la sala de la casa con la familia o en un restaurante con la pareja, la clave de oro es sonreír y mostrar presencia de ánimo en la voz y en la actitud. Pero desde el primer saludo.

En el momento en que usted saluda y dice: «Buenas días», allí ya debe aparecer el efecto PIC mostrando energía, felicidad, alegría y dicha por el tema. Por supuesto que usted puede ser mesurado, tranquilo, centrado, serio y mostrar pasión. He visto a personas y líderes muy herméticos mostrar pasión por lo que dicen, con tremendo denuedo. Solo con presencia de ánimo en su voz conseguirá su mejor PIC.

El valor de la innovación

Innovación es uno de los valores que deja mayor huella en la gente. Creo que una persona que presenta sus mensajes con nuevos elementos de valor agregado, siempre producirá un efecto memorable, de mucha admiración, en su entorno. Los innovadores son refrescantes, vanguardistas, asombrosos y producen una marca en quienes cuentan con la dicha de recibir sus mensajes.

En mi libro *Habilidades de comunicación hablada* de la serie «Mentoring para comunicadores inteligentes», de Grupo Nelson, hablo acerca de la innovación como una facultad determinante para conseguir ser asertivo, persuasivo y de alto impacto en todo lo que se transmite.[5]

La innovación es un factor clave para alcanzar el éxito en el mundo competitivo, acelerado y cambiante de hoy, regido por la comunicación virtual, tan gráfica y dinámica. Quien no innova y se actualiza en la comunicación de sus mensajes, así como de su propia imagen, terminará por ser un producto de mercancía más frente a la competencia, que siempre busca lo mejor y lo más nuevo.

No importa que sea una marca de muchos años, con mucha experiencia y reconocimiento. La única forma de subsistir es a través de la innovación. Me refiero a la innovación como un sello de su imagen personal. De su estilo propio y de su efecto. La consigna de la gente inteligente debe ser: «Innovar o morir». Es cuestión vivencial. Porque si usted sigue el paradigma de que «todo tiempo pasado fue mejor», se dejará opacar por los convencionalismos anticuados y nunca podrá avanzar.

No me gusta cuando la gente me dice que la atropella la tecnología. Creo que somos nosotros los que debemos salirle al encuentro a los avances de la informática y la ciencia, y progresar con ella de la mano. La innovación es un factor que se relaciona de manera directa con la capacidad de ver el cambio como una oportunidad y no como una amenaza. He desarrollado largos procesos de *mentoring* empresarial acerca de «El cambio como factor de éxito» que permiten transmitir una actitud comunicacional diferente en el día a día.

El efecto de su propia marca

Hoy se habla del *branding*, un concepto de mercadeo que se impone. La definición proviene de un anglicismo que habla de la forma en que se crea una marca y todo lo que esta genera como efecto en el público. Es demasiado importante, porque es justo el buen manejo de la marca lo que a largo plazo le dará estabilidad y rentabilidad a un producto, entidad o persona.[6]

Por eso surgió el *branding*, para dedicarse a estudiar la forma como se puede potencializar al máximo una marca. Porque del efecto que esta produzca con sus valores y fortalezas, surgirá la confiabilidad hacia ella en el público. El efecto de la marca lleva al consumidor a una asociación inmediata con un valor. Será sensacional cuando ese valor sea la innovación, ya que en el momento en que la persona busque productos innovadores, los asociará inevitablemente con esa marca.

El *Diccionario de la lengua española* define *innovación* así: «Acción y efecto de innovar. Creación o modificación de un producto, y su introducción en un mercado».[7]

Cuando conozca cómo tratar su *branding* personal, es decir, cuando la marca sea usted mismo, le aseguro que lo primero en que deberá pensar será en la innovación que le va a aplicar a esa marca. Así como en el mercadeo y la publicidad los asuntos clave como el color, el tipo de letra o el nombre se analizan con detenimiento —porque son determinantes para el posicionamiento del producto—, sucede cuando la marca es usted mismo. En el *branding* personal cuenta todo aquello que hará de usted una persona de mayor impacto y que producirá el efecto deseado para conseguir resultados. Por eso es tan importante que le aplique el factor de la innovación a todo lo que muestre de usted mismo.

Casos como el de Steve Jobs, creador de Apple, son innovación pura en el producto. Pero también en su efecto personal. A tal punto que hoy, después de haber fallecido, la figura de Jobs (su marca) genera un atractivo muy especial en las nuevas generaciones.

¿Cuál fue el diferencial mayor de Steve Jobs? Yo podría resumirlo en tres puntos básicos, así: 1. Innovación. 2. Innovación. y 3. Innovación. Solo con ese factor clave, Jobs pudo lograr, junto con su equipo, sacar de un garaje la marca que revolucionó al mundo de las comunicaciones informáticas.

Pero no fue solo su conocimiento, ni su talento, ni los títulos obtenidos. Porque como él mismo lo contó en su magistral discurso en la Universidad de Stanford, fue un joven con muchos problemas económicos, con serios faltantes, huérfano y pobre. Sin embargo, su capacidad de innovar, innovar e innovar, lo llevó a ser uno de los hombres de mayor influencia en el cambio de las comunicaciones a nivel global. El efecto innovación de Steve Jobs, hoy es una marca —con la manzana mordida— que solo llevan aquellos que aprecian la innovación en base a lo sencillo, fluido, minimalista y práctico.

El innovador, por lo general, es una persona que no va con la corriente. No le gusta que lo encasillen ni que le encierren en una jaula para loros pequeños, inmóviles y viejos, puesto que tiene alas de águila. Siempre está en constante evolución y transformación. Le encanta ser vanguardista. Le ofusca la monotonía y no tolera desarrollar un solo oficio con los mismos parámetros por mucho tiempo.

Quien cuenta con un *branding* personal basado en la innovación, genera un efecto genial. Es impredecible. Nunca aburre a su auditorio. Parece como si siempre estuviera listo para sacar de la maleta una nueva idea, como un bombillo que alumbra más que el anterior. El *branding* personal se refleja no solo en la imagen exterior: el atuendo, el maquillaje, la corbata, el jean, el corte de cabello, los zapatos, el estilo de moda que lleva... Todo lo que utiliza como atuendo o arreglo personal habla de usted y produce un efecto. Si decide usar colores grises, oscuros, planos, básicos, puede causar un efecto de seriedad, confiabilidad y credibilidad. Pero, ¡cuidado! Puede caer en la monotonía y el aburrimiento. No generará ninguna sensación de calidez o pasión. Recuerde que ser asertivo es: ni muy agresivo, ni muy pasivo. Se puede ser sobrio y cálido. Ese es el punto de equilibrio ideal.

Si elige los colores cálidos para vestirse, como el rojo, el amarillo o el anaranjado, la gente de inmediato sabrá que usted quiere proyectar una personalidad de alto impacto. Pero ¡cuidado!, el exceso de colorido puede producir el antiefecto del desagrado y llegar a causar molestia en su público.

El efecto de los colores

A partir de la psicología de la comunicación, cada color produce un efecto distinto.[8] Es importante saberlo, para que usted utilice los colores de su atuendo y de todas las cosas que reflejan su imagen: su auto, su casa, su maquillaje, los tonos de la oficina, su página *web*, todo, con intencionalidad clara del impacto que puede causar.

El efecto de los colores se percibe en varios aspectos:

- Generan una impresión particular en la persona que lo capta.
- Expresan y manifiestan lo que usted refleja.
- Transmiten una idea y comunican un significado.
- Se asocian por lo general con los estados de ánimo.
- Cuentan con valor y significado cultural.
- Producen sentimientos y reacciones diversos.

El poder del rojo

Produce un efecto de pasión y mucha energía. Se utiliza para alertar el peligro. Es el más cálido de los colores. Se asocia con el fuego, la sangre, la vida y la acción. Su influencia sobre el humor y las emociones de las personas produce calor. Debe tratarse con precaución, porque en exceso puede asociarse con agresividad o violencia.

La placidez del anaranjado

Produce un efecto de euforia, calidez y alegría. Por ser una mezcla entre el rojo y el amarillo, es un color ardiente y con mucho brillo. Su influencia genera positivismo, confianza y seguridad. Por eso debe utilizarse para aplicar a buenos ambientes de unidad.

La fuerza del amarillo

Produce un efecto de luz, calidez, expansión, se asocia con el sol. Por eso produce alegría, dicha y alto impacto. Es un estimulante de los sentidos. Despierta la inteligencia, evita la fatiga y el nerviosismo. Muestra seguridad en las personas. Existe un refrán que dice: «El que de amarillo se viste, en su belleza confía».

La paz del verde

Produce un efecto de paz, tranquilidad y significa esperanza. Produce calma y relajación. Se relaciona con todos los temas ecológicos a nivel global. Disminuye el estrés y las alteraciones del ánimo. Casi siempre lo utilizan para neutralizar la fuerza de los colores cálidos.

La serenidad del azul

Produce un efecto de profundidad; además, genera calma. Es apropiado en ambientes de relajación y descanso. Es el más sobrio de los colores fríos. Transmite seriedad, confianza y serenidad. Pero, por ser un color fresco y álgido, el exceso de exposición a los tonos azules produce fatiga y sentimientos de nostalgia. También se utiliza para equilibrar los tonos cálidos.

La riqueza del púrpura

Produce un efecto de misterio, se relaciona con la espiritualidad. Por ser mezclado con azules, también es un color un poco melancólico. Representa riqueza y opulencia. Produce serenidad, calma y paz. Se asocia con la realeza porque los tonos extraídos de la púrpura tenían un alto costo y eran muy exclusivos. Provenían del tinte violáceo de los moluscos del Mediterráneo.

La pureza del blanco

Produce un efecto de pulcritud, limpieza, claridad, paz y fe. En algunas culturas orientales representa la eternidad y el amor perfectos. Se asocia con la transparencia, la sencillez y la elegancia, sobre todo en los lugares de climas cálidos.

La intensidad del negro

Produce un efecto de formalidad, sobriedad y solemnidad. Se asocia con la elegancia y las galas. Pero también, en muchas culturas, con el luto, la oscuridad y la tristeza. Además, se asocia con el poder, el misterio y el estilo.

La neutralidad del gris

Produce un efecto de equilibrio y no influye en los otros colores. Se asocia con la elegancia y el respeto. Pero se considera aburrido, plano y arcaico. Es neutro y un poco sombrío. Se relaciona con los valores intelectuales.

En conclusión cromática, la fórmula de oro para causar un efecto agradable y lograr convertirlo en parte de su *power* personal es pensar con balance a la hora de arreglarse. Como diríamos en lenguaje bogotano: «Ni muy, muy... ni tan, tan». No debemos pecar por exceso, pero tampoco por escasez. Otra vez, el asunto de la asertividad es de balance.

No trate de sobresalir con vestimentas excéntricas para llamar la atención. Sin embargo, siempre piense en la mejor manera de llamarla. Creo que se lo plantearé así: preocúpese por el efecto balanceado que causará, no por llamar la atención de manera desbordada. La recomendación, como siempre, es: minimalismo puro. Es decir: «Menos es más». Pero, por encima de todo, piense siempre que el *power people* se refleja en todos los aspectos —internos y externos— de la persona. Aunque no se trata de que viva de apariencias, de todas maneras existe una relación directa de su efecto personal con la forma como se expresa.

Una de las frases magistrales de Jesús es: «Porque de lo que abunda en el corazón habla la boca» (Lucas 6.45, NVI). Eso quiere decir que todo lo que usted habla produce un efecto, no solo por lo que dice con las palabras, sino por lo que quiere expresarle al mundo con su propia presencia. El impacto que usted hace en el ambiente se convierte en un verdadero escáner de su personalidad, de todo lo que usted transmite para influenciar y, sobre todo, de la forma como quiere afectar a los demás o llamarles la atención.

Todo lo que llevamos en el corazón habla por sí mismo en cada una de nuestras acciones, actitudes, atuendos, estilo de vida... Todo produce un efecto. Por eso, si quiere transmitir un efecto PIC, comience por analizar con sinceridad cuál es el resultado de su forma de vestir, hablar, mirar, decir, caminar... ya que todo habla de usted.

Si hasta hoy había pensado que nada de eso tenía importancia, que podía decir todo lo que se le ocurriera, maltratar a las personas y ofenderlas, o utilizar palabras soeces y ásperas, sin que nada pasara, este ha de ser un primer paso para el cambio: asuma la responsabilidad de su propio efecto.

El valor del coraje

El coraje es una virtud determinante del ser para conseguir el *power* que nos lleve al efecto que necesitamos producir. Coraje se define como «valor para hacer una cosa». Por ejemplo: «¡Hay que tener mucho coraje para emprender esa aventura!». También expresa irritación, ira y rabia. Por ejemplo: «Le dio mucho coraje perderse el estreno». Coraje también aparece en estas entradas del diccionario: corajudo, furia, nariz y voluntad.[9]

Me llama la atención que en la primera acepción el término coraje se relacione con el valor para hacer algo y, en la segunda, con la ira. Me parece que si unimos los dos significados, encontraremos el punto exacto de lo que queremos definir como coraje dentro del efecto *power people*. Aunque no lo llamaría ira, ni rabia, sino más bien cierta indignación, se requiere un poco de ello para salirle al paso con mucho coraje al mensaje que queremos transmitir.

Puedo decir a ciencia cierta —y con autoridad en la materia, porque lo he experimentado día a día como mentora de empresas y universidades—, que me produce una seria y aguda indignación ver a los jóvenes profesionales, gerentes y empresarios, inteligentes, bien presentados, llenos de vitalidad y ganas de conquistar el mundo, tan bloqueados en su comunicación por el pánico, el temor o la falta de valentía.

Es esa indignación —sumada al valor de sentirme como heroína que viene a pelear por ellos y por su causa—, lo que muestra en mí una marca que algunos llaman autoridad, otros energía, hay quienes prefieren llamarle intensidad, otros fuerza interior pero, la verdad, es puro *coraje*. Es esto lo que nos da el arrojo, la intrepidez y la audacia para mostrar en un escenario el efecto *power* que, aunque nadie sepa definir —entre usted y yo quedará claro—, a partir de este libro se llama coraje.

Puedo decirle también con absoluta seguridad que, para lograr el efecto de alto impacto, no bastan la pasión y la innovación. En los miles de diagnósticos al liderazgo empresarial que he desarrollado puedo conocer, de lejos, a aquellos que muestran coraje. Sobresalen. Son de verdad especiales.

Igualmente me produce profunda decepción y tristeza ver a aquellos que son muy inteligentes, capaces, innovadores y que tienen la excelencia como marca, pero que no cuentan con el nivel de coraje necesario para impulsar sus talentos y expresar sus ideas.

Consideremos, por ejemplo, el caso de una mujer muy capaz, vicepresidenta de un banco muy importante en Bogotá, Colombia, a la que asesoré en asuntos de comunicación. Pasamos un largo tiempo en un entrenamiento personal. Ella, a pesar de ser excelente profesional y con veinticinco años de experiencia internacional, se presentaba acobardada, tímida y empequeñecida cuando tenía que transmitir un mensaje en público.

Un día me llamó temblando del susto porque la presidencia de la entidad la encargó de hacer una presentación ante el Presidente de la República y algunas personalidades de la vida nacional así como también del exterior. Estaba conmocionada. Trabajamos el tema más de un mes. Hasta en su casa revisamos la imagen, el vestido, la presentación, la expresión... Todo estaba perfecto. Pero yo sentía un faltante grueso. Algo que no sabía cómo definir y que me inquietaba demasiado. Le faltaba *power*, pero no lograba saber cuál era el bloqueador...

Hasta que una mañana, por fin se me ocurrió decirle: «Bien, vamos a hacer algo. Antes de que salgas al escenario, en el gran día, vas a sacar de dentro de ti una especie de rugido interior, como una leona». Algo que no puedo describir aquí, pero que suena más o menos así: «¡¡¡mmmrrrrr-hhhhmmmm!!!».

Claro, tiene que ser con los puños cerrados, respiración profunda, mirada al frente, mentón arriba, postura decidida y una actitud de absoluto *coraje*. No se imagina el resultado. Fue fantástico. Hasta el día de hoy, cada vez que me la encuentro en el ascensor de la entidad, o en los pasillos de la presidencia, me mira con cara de complicidad, me guiña el ojo y me hace con un gesto airoso y triunfante el consabido «¡¡¡mmmrrrrrhhhhmmmm!!!». Eso, traducido al español, quiere decir: ¡Coraje! La vida le cambió. Su marido, antes escéptico, ahora la admira. Y, en el banco, la llaman para las presentaciones más importantes.

Secreto #6: Efecto reflejo

Todo lo que usted dice y expresa refleja lo que en realidad es.

Todo lo que sus hijos y nietos son refleja lo que usted es. Aquello que les transfirió de manera involuntaria y genética, pero también por medio de conductas, actitudes, gustos y estilos aprendidos, son resultado de lo que usted les inculcó. Ellos son su reflejo más nítido.

La comunicación refleja quiénes somos. Ella es una imagen exacta de nuestro ser. No de lo que hacemos, sabemos o tenemos. De manera innegable e inequívoca, las palabras que decimos, los gestos que expresamos, las miradas que lanzamos, las sonrisas, los ademanes con las manos, la gesticulación del ceño... todo, absolutamente todo lo que proyectamos a los demás, es un fiel efecto reflejo de nuestro ser interior. Hay personas que dicen: «Todo lo que siento se me nota en la cara». Eso es precisamente el efecto reflejo.

Por eso es muy importante cuidar no solo la apariencia, el vestido, el maquillaje, el peinado, la moda... Debemos darle mucha atención al cuidado de nuestro ser interior, a través del cual dejamos ver la belleza o fealdad íntima que se proyecta en el exterior.

Cuidar el espíritu debería ser la prioridad de nuestra comunicación. Guardar el corazón de los sentimientos negativos y oscuros —como la envidia, el resentimiento, el rencor, la amargura, la frustración, la ambición desmedida— nos puede ayudar a mantener un efecto reflejo en el que brille lo positivo y no lo negativo.

Para que el efecto reflejo sea luz, gracia, paz, sabiduría, transparencia... debemos mantener limpia la fuente interior original, lo que nos permite reflejar al exterior todo lo que proviene de la fuente de energía interior.

Las palabras groseras, los ademanes toscos, los gestos bruscos, las respuestas ásperas, reflejan de inmediato una persona con emociones conflictivas, turbias y poco brillantes. Mientras que una persona con palabras amables, postura tranquila, respuestas blandas, actitudes cordiales, mostrará de inmediato un corazón y una mente sanos.

El efecto reflejo no se relaciona con la capacidad intelectual ni con las habilidades profesionales o físicas. Es más bien un termómetro de la realidad interior que mide la calidad de la persona, de manera independiente de sus capacidades intelectuales o su nivel económico.

El ideal es cuando los dos lados de la proyección se unen: capacidad e interioridad, para mostrar así un ser completo. Pero, por desdicha, no es lo más común. Existen muchas personas con grandes conocimientos y poca inteligencia emocional, con un efecto reflejo bastante opaco. Mientras que podemos encontrar cantidades de gente con pocas oportunidades de desarrollo y preparación, pero con gran calidad personal, que brillan por su bondad.

Creo que el secreto del efecto reflejo está en revisar día a día las actitudes y respuestas que hemos dejado asomar con la gente a nuestro alrededor. En especial con la familia y los seres queridos más cercanos. O con las personas con quienes trabajamos. Porque es allí donde de verdad se podrá conocer el verdadero efecto reflejo que causamos.

Conozco muchos casos de grandes hombres de negocios, muy «exitosos» y admirados en el ámbito empresarial, pero insoportables y poco queridos en sus casas, porque allí muestran la faceta tosca, dura y difícil de su comunicación, mientras que en el ámbito corporativo son admirables. Para saber cuál es su real efecto reflejo, vale la pena que les pregunte a las personas más cercanas, qué es lo que usted les transmite. Se sorprenderá.

Es importante prepararse, crecer en el conocimiento, desarrollar las habilidades y competencias, sin descuidar y alimentar el ser interior. Ese será el efecto reflejo: radiante y completo.

Comience a trabajar su efecto reflejo. Verá los resultados de manera grata en su entorno. Se sentirá pleno con la gente y consigo mismo. Sonría, use palabras amables, ejercite la comunicación positiva, la mirada apacible, las expresiones gratas y todo se reflejará en los resultados finales de su comunicación. Será como si encendiera un reflector gigante y de alto poder en un auditorio para alumbrar al principal protagonista de la película de su vida: usted.

Secreto #7: Efecto valoración

Valorar a las personas implica ver en ellas un letrero que dice: «¡Hazme sentir importante!».

Una de las leyes que más habla de lo frágil que es la comunicación humana y de la necesidad de aceptación y aprobación que tienen las personas, es el secreto del efecto valoración.

En cada mirada asombrada en un auditorio usted debe ver un mensaje claro: «Necesito atención». Es como si cada uno llevara colgado un letrero grande que dice: «¡Hazme sentir importante!». No solo los participantes en los auditorios, sino también los hijos, la esposa, los amigos... todos a su alrededor. Si usted quiere de verdad lograr un efecto de alto impacto en las personas, hágalos sentir que son lo más importante para usted en ese momento. Lo demás es simple información. Pero claro, debe ser cierto y sincero. No fingido.

Cuando estoy en un taller de capacitación empresarial, los asistentes me evalúan como «especial» para ellos. La verdad, lo que me hace especial es hacerlos especiales. Se me nota en cada frase que no hay nada más importante que ellos. Debo dejar a un lado mis problemas, mis circunstancias, mi cansancio, cualquier disgusto, mis planes personales y mis obligaciones para enfocarme absolutamente en lo que ellos sienten, piensan, quieren, sueñan, anhelan y, sobre todo, en cuál es su necesidad prioritaria.

El efecto valoración en las personas logra niveles excepcionales de empatía y persuasión en la comunicación. Tanto en las relaciones formales en público, como en las informales en privado, en los pasillos de la entidad o en la sala de la casa. Ese es el secreto de un gran líder. La gente lo admira, aprecia y apoya en todo cuando siente que el líder la valora y que, de verdad, es lo más importante para él.

Es obvio que la valoración debe ser genuina. Todo el mundo se dará cuenta de inmediato cuando trate de fingir aprecio por las personas, para sus propios fines o exaltación de su ego. Igualmente, todos reconocerán cuando usted los ama en verdad y cuando cada frase que dice la saca de lo más profundo con un único objetivo: generar un beneficio o un valor agregado para ellos.

Pocos saben lo que es capaz de conseguir una persona cuando valora de verdad a los demás. Por eso es que tantos se dedican a ignorar, olvidar y hasta a maltratar a su público o a sus subalternos, para centrarse en ellos mismos y en su afán de ser atendidos. Están mal montados en el antivalor del egocentrismo y en la obsesión del dominio de las multitudes. Por eso solo buscan manipular a la gente en pro de sus intereses.

Lo peor es que pueden conseguir exorbitantes resultados y llenar auditorios, teatros y hasta estadios. Pero no por amor a las personas, sino por su capacidad de dominio para conseguir sus propios fines e intereses. Para lograr su objetivo, en el camino dejan filas enteras de personas heridas y maltratadas, que solo pedían un poco de valoración.

Si esas personas no se bajan del potro salvaje, arcaico y rudo del estilo de liderazgo que se comunica basado en la depreciación del otro, en algún momento el mismo público, la familia y todos a su alrededor, se encargarán de bajarlo. Si no lo consiguen, terminarán por bajarse ellos, abandonarlo y seguir a otro líder que los valore por lo que son, no por lo que pueda conseguir a través de ellos. Por eso, sea inteligente, si usted quiere obtener lo mejor de las personas, trátelas como lo mejor y podrá extraer, como perlas en el fondo del océano, lo más fino de ellas.

Lo peor es que el síndrome del desprecio como estrategia equivocada para conseguir algo del otro, abunda y es cada vez más común. Tanto en el esquema laboral, como en el de los recintos escolares, universitarios y religiosos. Mucho más en el ámbito del matrimonio y las familias.

Uno de los procesos más bellos que he realizado en mi carrera de *mentoring* empresarial para el desarrollo de la comunicación fue en la empresa Kuehne + Nagel. En ese momento, la directora de Recursos Humanos, una líder extraordinaria y muy bella, llamada Mayra Sáez, de origen venezolano, me presentó un requerimiento para un programa de capacitación en «valoración del individuo».

Kuehne + Nagel es una compañía global de transporte y logística. Cuenta con más de sesenta mil personas, mil oficinas y siete millones de metros cuadrados de espacio de almacenamiento, en cien países, bajo su administración en su sede de Suiza.

Fue increíble todo lo que sucedió allí, en el World Trade Center de Bogotá, con los funcionarios de la entidad en Colombia. Fue un proceso de transformación en el grupo de asistentes y en cada uno de los individuos como personas.

Con un programa de aprendizaje diseñado a la medida de sus necesidades, trabajamos en la importancia de la valoración del individuo como parte de la planeación estratégica y de todos los procesos de la empresa. Fue extraordinario. Las personas interiorizaron el concepto y, a partir de dinámicas vivenciales y lúdicas, logramos un altísimo nivel de empatía y mejoramiento de los procesos comunicacionales internos. Una entidad ejemplar.

Analice a los grandes comunicadores de la historia universal y hallará que todos se han caracterizado por el alto nivel de valoración que les dan a las personas. La valoración es la clave central del efecto contundente que causó la comunicación de Jesucristo. Su principal máxima es: «Ama a tu prójimo como a ti mismo». Es decir, que si no ama —valora— al otro, no se ama —valora— a usted mismo.

Cuando estamos ante un auditorio debemos fijarnos, desde la tarima, en aquellas personas que nadie miraría. Tal vez las más ignoradas, golpeadas, heridas y abandonadas. Las que parecen más insignificantes. Por lo general, la tendencia equivocada cuando estamos en una presentación es mirar al más importante en la sala y enfocarnos en él. Es decir, valorarlo solo a él. Pero si hay personas con cargos menores, que no son de la alta gerencia o del nivel ejecutivo, ni siquiera las miramos; por lo que, por supuesto, sienten de inmediato que no las valoramos.

El efecto valoración es verdadero y completo cuando honramos tanto al presidente de la entidad o a los grandes inversionistas en el auditorio, como a los considerados «menos importantes» por su cargo inferior, o su nivel económico y social.

El buen comunicador sabe llegar a todos por igual. Sabe darle el lugar de estimación que les corresponde a los altos mandos, pero sin ignorar a los más pequeños o vulnerables. Porque su objetivo al hablar no es conseguir beneficios para sí mismo, ni agradar a los que más le convenga, sino aportar lo mejor de sí para todos. Incluso se dedica con más ahínco e interés a aquellos que más lo necesitan, aquellos que cualquiera pasaría por alto.

Muchas veces es más gratificante llegar al corazón de las personas más sencillas que al de las más encumbradas. Porque al sentirse valorados, ellos lo van a celebrar con más intensidad que cualquiera y aprecian mucho más la oportunidad que los que ya lo saben todo y creen que no lo necesitan. Por eso no olvido nunca las miradas de aquellas personas sencillas que se me acercan al final de una convención para agradecerme, con lágrimas en los ojos y el corazón en la mano, y me dicen: «¡Gracias!», con tanto cariño que me derriten.

Todo eso porque les asombra que los aprecie durante la exposición al darles un lugar de valoración con la mirada, con un gesto o con un saludo especial, a pesar de que en la misma sala estaba el jefe máximo de la entidad.

Existen muchas formas de conseguir ese efecto valoración. A mí me ha resultado de maravillas pedirle a la entidad a donde voy a dictar una capacitación o entrenamiento, que por favor escriban el nombre de cada persona en el auditorio, con letra grande. Sobre la mesa del salón deben estar escritos los nombres de: Claudia, Carlos, Roberto, Mireya, Andrés, Felipe, Liliana, todos.

Cuando comienzo a hablar, me dirijo a cada uno de ellos por su nombre. Es impresionante el efecto valoración que eso logra. Cuando le digo, por ejemplo: «¿Qué opinas Claudia?», primero, se queda estupefacta porque le hable por su nombre y, acto seguido, se siente feliz, porque al mencionar su nombre se siente importante. De inmediato se genera una conexión directa entre nosotras. Eso es comunicación inteligente. Eso funciona muy bien con la pareja. En vez de exigir, demandar o cantaletear, empezar a valorarle y hacerle sentir importante es lo conveniente. Reconocer lo especial que es y saberla apreciar por lo que es, no por lo que hace.

Ni qué decir del efecto valoración con los hijos. En cualquier edad, pero sobre todo en la adolescencia, cuando piden a gritos —con su actitud— que los hagan sentir valorados y amados y que les concedamos un espacio de tiempo para escucharlos. Para ellos, valoración implica que usted se olvide de todo y se dedique a ellos con mucho interés. Olvídese del iPhone, del BlackBerry, del iPod, del partido de fútbol en la televisión, la telenovela, las numerosas tareas... para mirarlos a los ojos y dedicarles un tiempo responsable, en el cual ellos sean lo único o lo más importante para usted.

En ese tiempo se dedicará a afirmarlos, a darles palabras de ánimo, a sorprenderse con lo que hacen y, sobre todo, con lo que «son». Aunque no «hagan» todo perfecto. Igual su valoración debe depender del aprecio que usted les tiene, por la simple y maravillosa razón de que son sus hijos.

Mi papá me afirmaba cuando me decía que yo era inteligente, bella y brillante. Y yo se lo creía. No sé cómo se las arreglaba para lograr el mismo efecto valoración en cada uno de sus cinco hijos. A cada uno en su lugar. Bueno, pues, mi papá generó en mí una seguridad natural que siempre me acompaña. Además, su especial valoración me permite hoy ver a Dios como un Padre que me valora, como a la niña de sus ojos.

Por tanto, valoramos a las personas en el auditorio cuando enfocamos la mirada en ellos. Cuando les damos todo el pastel y no las migajas. Cuando llegamos puntuales y concluimos a tiempo porque apreciamos su cansancio. Cuando nos arreglamos y componemos con la mejor «pinta» para el encuentro con ellos. Cuando traemos a la exposición las mejores ilustraciones. Cuando los saludamos con una sonrisa. Cuando les permitimos la participación y atendemos a sus preguntas. Cuando logramos verlos en todo su potencial diez años más tarde, como los triunfadores y no como los defectuosos que tenemos la tendencia a descalificar.

Si es necesario, mientras este secreto del efecto valoración se convierte en una verdad interiorizada y en parte de su estilo de vida, escriba en una tarjetita que llevará a su presentación un letrero ·que diga: ¡Hazme sentir importante!

CAPÍTULO 3

¿CUÁL ES SU **EFECTO** PERSONAL? ¡DESCÚBRALO!

SI DESCUBRE CUÁL ES EL EFECTO QUE USTED CAUSA, SU PROYECCIÓN será mejor. Crecerá en su nivel de comunicación. Podrá darle mucho más potencial a sus mensajes. Alcanzará mayor impacto en sus intervenciones, tanto personales como familiares, laborales o comerciales. Y, como resultado, será mucho más eficiente, exitoso y feliz.

La gente, por lo general, busca el éxito y la felicidad en lo que hace, lo que tiene, lo que sabe, en todo, menos en lo que es. Pero es en el *ser* donde se encuentra el efecto. Todo lo demás es circunstancial y relativo. Se puede hacer o no un oficio, tener o no dinero, saber o no acerca de algo. Contar o no con un alto cargo. Pero lo que no es relativo es aquello que uno es en esencia.

Es triste encontrarse siempre con el mismo síndrome: la gente no tiene idea de cuál es el efecto que causa. Porque tal vez, de todo lo que nos enseñaron, eso no es algo que aprendimos a descifrar. Ni siquiera lo conocimos. Entender el secreto de nuestro propio efecto no solo nos hará más espontáneos, auténticos, libres, seguros y genuinos, sino que además nos abrirá puertas inimaginables hacia los sueños que tanto esperamos ver cumplidos.

Cuando conozco el tipo de efecto que causo, puedo empoderar mucho más todo mi potencial, multiplicar mis talentos y no esconderlos por temor, timidez, pereza o simplemente por ignorancia, como en la mayoría de los casos. Aun en el campo del servicio a los demás, del impacto que podemos causar cuando queremos ayudar a la gente, si no conocemos cuál es nuestro efecto, entonces no podremos dar lo mejor. Estaremos limitados y desenfocados. Porque podemos dedicar de manera infructuosa todo un gran esfuerzo a generar un impacto para el que no estamos diseñados, ni preparados.

Cuando nos alineamos con el efecto personal, se nos nota la alegría y la pasión por lo que proyectamos y transmitimos. Nos vemos libres, propios, seguros y felices. Porque somos nosotros mismos. Mientras usted intente producir un efecto distinto al original suyo, no solo quedará mal, sino que se sentirá fuera de lugar y metido en la caja equivocada, es decir: acartonado.

No se imagina cuántas puertas inmensas se han abierto en mi vida, por el serio e infatigable ejercicio personal de trabajar en el descubrimiento y análisis de mi propio efecto. No solo me ha ayudado, sino que me ha permitido ayudar a miles de jóvenes profesionales, importantes ejecutivos, adultos a punto de jubilarse, mujeres emprendedoras pero bloqueadas emocionalmente... Porque al descubrir su efecto, encuentran que el potencial para el cual fueron diseñados es mucho mayor de lo que pensaban. Empoderar el efecto los llevará a amarse más a sí mismos y a valorar a quienes se encuentren a su alrededor.

Aunque el análisis de los tipos de efectos no tiene límite, le presento aquí algunos tipos básicos. Encontrará uno que se identifique con usted. Le invito a comprobar su efecto. Descúbralo.

Tipos de efectos personales:

1. Efecto entusiasmo

Descubrir el origen etimológico de la palabra *entusiasmo* me ha llevado más allá del mismo significado. Me siento, literalmente, entusiasmada. Según las raíces etimológicas de la palabra, que viene del griego *enthousiasmós*, significa: «rapto divino» o «posesión divina». Porque es un sustantivo compuesto por la preposición «en» y el sustantivo «theós», «Dios».[1]

Los griegos pensaban que, al iniciar un arrebato de entusiasmo, la persona se comunicaba con un Dios que se expresaba por medio de ella. Como en el caso de los pintores, músicos, poetas y profetas. Por eso los llegaban a admirar, valorar y apreciar mucho, porque contaban con una inspiración providencial, un nivel más alto que los demás no podían alcanzar.

Según el *Diccionario de la lengua española*, la palabra *entusiasmo* significa:

1. Exaltación y fogosidad del ánimo, excitado por algo que lo admire o cautive.
2. Adhesión fervorosa que mueve a favorecer una causa o empeño.
3. Furor o arrobamiento de las sibilas al dar sus oráculos.
4. Inspiración divina de los profetas.
5. Inspiración fogosa y arrebatada del escritor o del artista, y especialmente del poeta o del orador.[2]

Estos dos últimos puntos son los que más me entusiasman. He logrado entender con esta investigación del efecto, por revelación sublime, que este entusiasmo sobrenatural por escribir y comunicar que me acompaña, no viene de mí misma, sino de Dios. Es una expresión de él en mí. ¡Qué maravilloso hallazgo etimológico y teológico!

Me alegra entender que este exquisito y formidable oficio de escribir, no es solo un desgaste emocional, ni un capricho intelectual, ni una transferencia congénita fortuita, ni un rol circunstancial. No. Es «inspiración divina» que me impulsa, me arrebata, me deleita y ¡me entusiasma!

¿Cuál es su entusiasmo?

Por todo eso, vivir la comunicación como un profeta con inspiración divina, produce en mí un efecto entusiasmo, más allá de lo académico, profesional, técnico o religioso. Ahora, mi querido amigo lector, la pregunta clave es: ¿Cuál es su entusiasmo? Porque el efecto tiene más poder cuando nos conectamos con aquello que nos entusiasma. No obstante, aquí debemos aclarar algo, entusiasmo no es lo mismo que hilaridad. Aunque usualmente se les confunde, hilaridad es una risa ruidosa, una algazara causada por lo que se oye o lo que se ve.[3]

El entusiasmo es una inspiración de Dios desde el interior que nos lleva a crear obras superiores. Aunque produce una exaltación del ánimo, una inspiración fogosa del artista, el escritor o el orador, se refleja en aquello que lo cautiva o deleita. Al final, logra el efecto entusiasmo. Si lo llevamos al plano de la comunicación, creo que el efecto entusiasmo es esencial para lograr un alto impacto. Nada peor que una persona que se expresa en público sin reflejar ningún entusiasmo. Se torna plano, monótono, aburrido, pálido, descolorido y sin vida.

Como parte fundamental del entrenamiento de líderes empresariales, enseño la importancia de la presencia de ánimo en la voz, en la mirada, en el lenguaje corporal y en la comunicación no verbal (CNV). Sin efecto entusiasmo, la comunicación es como una pintura sin color o una melodía sin ritmo.

Si el entusiasmo es una inspiración producida por la presencia de Dios, creo que es determinante buscar esa presencia y hacerla brillar en cada escenario o en las conversaciones cotidianas con la familia y los mejores amigos. Fíjese bien en las personas con el efecto entusiasmo, logran llegar al público y a los amigos de una manera arrebatadora. Su diferencial es sorprendente. Puede que haya otros con el mismo nivel de talento, o hasta más que ellos, pero nunca logran llegar con el mismo grado de conexión a la gente.

Por eso uno de los más famosos y populares presentadores de televisión en Colombia, dueño de su propio canal —Jorge Barón Televisión—, logró cautivar a la audiencia de todo el país con un lema que siempre repite, en medio de los conciertos de artistas famosos, con miles de personas. A nadie se le olvida. Le dio el mejor *rating*. Se le convirtió en una marca ganadora el grito de: «¡Entusiasmo!».

En cualquier espacio o escenario, el efecto entusiasmo puede marcar la diferencia de manera rotunda. Porque, además de ser agradable, divertido y experiencial, el entusiasmo se contagia y genera en el interior de quien escucha un rico bienestar. Por eso la comunicación inteligente debe incluir una alta dosis de efecto entusiasmo. Porque además de permitir un rato agradable, logrará resultados sorprendentes en la rentabilidad de cualquiera que sea su negocio. Sin saber por qué, pero inyectado por su entusiasmo, hasta el cliente más difícil le preguntará, antes de concluir el cierre del negocio: «Y entonces, ¿dónde le firmo?».

Si se trata de escenarios como el de la familia, también puedo decirle con extenso conocimiento del tema, que el efecto entusiasmo influye en todos los miembros de la casa. La atmósfera se sentirá llena de vida y positivismo con una mamá o un papá que traen entusiasmo al hogar. Con ganas de seguir adelante, pase lo que pase. Sin mirar los problemas y las dificultades, sino con fe y mucho ánimo por la vida.

El entusiasmo es un factor determinante para generar el efecto deseado en la transmisión de cualquier mensaje, en público o en privado. Entre los mejores oradores, se nota la diferencia, justo en esa virtud: el entusiasmo. Es la fórmula de oro para generar motivación, empoderamiento, inspiración, sensibilización, concientización, interiorización, aprendizaje experiencial, vivencial, dinámico y lúdico. Todo eso y más.

Sin efecto entusiasmo, la comunicación no pasa de ser simple información, plana y pálida. Pero le repito que entusiasmo no es lo mismo que desfachatez, bullicio, algazara o jolgorio desmedido. El entusiasmo se refiere a una capacidad interior de llevar a la audiencia a un punto muy alto de inspiración y motivación, que puede moverla hacia el propósito final.

Sin entusiasmo, el efecto de la comunicación pierde muchos puntos. No importa cuál sea el tema. No crea que por tratarse de un asunto técnico, organizacional o de familia, no se requiere de entusiasmo. Todo lo contrario. Los temas que parecen más sencillos requieren de una dosis mayor de entusiasmo para que lleguen a su auditorio.

Si se trata de darle una noticia a la pareja, invitar a cenar a un amigo o hablar a los hijos para contarles acerca del próximo plan de vacaciones, pues se necesita mucho más entusiasmo. El efecto será mayor y los resultados de su intervención ante ese severo público familiar —a veces el más difícil y exigente—, saltarán a la vista.

El paradigma erróneo es pensar que entusiasmo es emocionalismo desbordado o gritería estridente y fanática. Así como todas las virtudes de la comunicación asertiva, la del efecto entusiasmo también requiere de una alta medida de equilibrio y control. Recuerde siempre que asertividad es equilibrio: ni agresivo, ni pasivo. Justo en el centro del ser.

De manera que el entusiasmo debe ir de la mano de la asertividad. Estar entusiasmado no es mostrarse sobreactuado. Se puede expresar el entusiasmo sin excentricidades, con una actitud aplomada y una distinguida serenidad. Con calma apacible y dominio propio de las emociones y la efusividad. Por eso pasaremos aquí a definir el concepto de entusiasmo, para lograr el efecto que queremos a través de un mensaje que transmita mucho entusiasmo, pero con un sereno equilibrio.

Ya que el sustantivo *entusiasmo* está formado en griego por la preposición «en» y el sustantivo «theós» (Dios), se supone que cuando mostramos entusiasmo es debido a la intervención de Dios en nosotros, que se expresa y manifiesta a través de nosotros.

Los griegos —tan brillantes, pero a la vez tan agobiados por las dudas y la lógica frustrada de su profundidad filosófica— pensaban que este maravilloso fenómeno del entusiasmo les sucedía solo a grandes creadores con una sensibilidad superior, como los músicos, los profetas y, por supuesto, los enamorados.[4] Según ellos, cada uno de esos creativos estaban investidos por la divinidad. Por eso merecían un gran respeto y profunda admiración, porque podían llegar a niveles que nunca podrían alcanzar las personas comunes y corrientes.

Según Mariano Arnal:

> Una de las últimas reasignaciones de significado se dio en el siglo XVII cuando los deístas ingleses (defensores de la religión natural, sin revelación, sin credos, sin confesiones) crearon la llamada religión del entusiasmo, que en esencia propugnaba que cualquier actitud religiosa procedía del entusiasmo, es decir, de esa especie de presencia de Dios en todas sus criaturas, incluido el hombre; los seguidores de esta religión eran conocidos como entusiastas. Por analogía se llamó también así a los anabaptistas y a los cuáqueros, que se sentían henchidos del espíritu divino y por tanto inspirados por Dios tanto para la fe como para la acción. Desde el protestantismo calificaron de entusiastas a los místicos católicos y en general a todos aquellos que afirmaban cualquier inspiración o vivencia de Dios. Estos términos fueron trasladándose poco a poco al lenguaje profano, por influencia del francés, que fue la primera lengua que los incorporó. [...] Volviendo al origen griego... conviene hacer notar que... enzusiátzein significa ser o estar inspirado por la divinidad, ser arrebatado por un transporte divino (esa es la expresión); ser sacado fuera de sí.[5]

El efecto entusiasmo proviene entonces en forma directa de Dios. Es estar «en-Dios». Esto produce una inspiración y un gozo sobrenatural que no depende de las circunstancias momentáneas, ni se apoya en las emociones. Brota del espíritu, con una alegría perfecta, que se irradia en todas las acciones y comunicaciones.

Se nota en las actitudes. Trasciende a los demás y se multiplica en las miles de personas que podemos llegar a influenciar día a día. Es una alegría que lleva a las personas a experimentar ese «algo», más allá del impulso efusivo. El efecto entusiasmo es, por tanto, arrebato divino. Rapto providencial. Inspiración sobrenatural. Lo que me dinamiza en cada conferencia, lo que me motiva a escribir este libro, y todos los que vienen. Es imparable.

2. Efecto tranquilidad

Por la falta de tranquilidad y de paz es que el mundo entero vive bajo un terrible manto de estrés, por los rumores y amenazas de guerra o terrorismo, por las fuertes crisis económicas y la seria descomposición social en aumento; por el tráfico y la movilidad automotriz cada vez más complicada, por las malas noticias que llegan día a día a través de los medios de comunicación.

Por todas esas señales locas de un mundo convulsionado y nervioso, las personas que producen el efecto tranquilidad son como un oasis de paz en medio de un desierto de angustias. Producen una sensación de seguridad por su talante de gente pacífica y moderada. Son admirables. Logran asombrar con su tranquila presencia.

Nada los perturba, nada los angustia, se mantienen incólumes, inamovibles, imperturbables y, el efecto que despliegan a su alrededor es el de una serena tranquilidad teñida de una deliciosa paz.

El efecto tranquilidad es magnífico. Es ansiado por muchos y disfrutado por pocos. Cuando las personas que lo portan hablan en público, permiten que el mensaje fluya como en cámara lenta, sin movimientos bruscos, ni ademanes exagerados. Todo lo manejan por medio de una extraordinaria moderación, la que genera en el ambiente un reposo absoluto. Involucran a su auditorio en una comunicación relajante que permite el análisis y la reflexión, de una manera amable, serena y muy certera.

Las personas que cuentan con la dicha de producir el efecto tranquilidad como parte de su naturaleza y su esencia pacífica, desarrollan en los demás una sensación de confort y relax, que les agradecen con una también tranquila sonrisa. Como no atropellan a su auditorio, consiguen persuadir de manera imperceptible y convencen con un exquisito sosiego.

Si se trata de un alto ejecutivo en una empresa donde realizan mediciones 360° para conocer el nivel de calidad del liderazgo de sus funcionarios, por lo general los compañeros de trabajo lo califican como «excelente persona», con capacidad de relacionamiento y con un don especial para escuchar, considerado una virtud superior dentro de las competencias comunicacionales y relacionales.

El efecto tranquilidad produce un ambiente sin polución de ruidos emocionales ni explosiones agresivas distractoras. Su expresión oral, el lenguaje de su cuerpo, son tan tranquilos como su lenguaje verbal. Los movimientos de las manos son lentos. La mirada nunca es penetrante ni agresiva, sino más bien discreta, moderada, sutil.

La inteligencia comunicacional de quienes producen el efecto tranquilidad brilla por sí sola. Sin necesidad de ningún espectáculo sobreactuado. Sin proponérselo, con un paso lento pero seguro, consiguen lo que se proponen de su público en el escenario.

Claro, todo esto, solo si se trata de tomar decisiones o analizar asuntos de mucho detalle. Pero, en verdad, el efecto tranquilidad no consigue muchos resultados cuando se trata de un escenario donde se requiere de un buen «up and down»; es decir, mantener expectante al público, con subidas y bajadas en la intensidad de sus expresiones. Tampoco si se necesita un lenguaje y espíritu motivacional, enérgico, efusivo, que dispare a la gente a tomar una decisión. Esa no es propiamente su mayor fortaleza.

Por eso las personas que cuentan con el efecto tranquilidad, por lo general, no se dedican a las ventas ni a dar conferencias motivacionales. Porque piensan que su calma puede hacerlos ver como «planos» y sin presencia de ánimo. Además sienten que pueden desperdiciar su capacidad analítica para presentar informes detallados, disertaciones filosóficas, técnicas o científicas, que requieren de su talante para la calma en la observación del detalle.

Al estar con personas que tienen el efecto tranquilidad, uno siente como si se tomara un sedante natural, o un agua aromática de frutas y yerbas calmantes. Como si estuviera flotando en una piscina o relajado en un sauna. Se puede pasar horas con una persona que produce semejante efecto y correr el riesgo de ver pasar el tiempo y dejar todo lo demás botado. Porque el efecto tranquilidad arrulla.

Es una delicia. No tratan de controlarle la vida a nadie, ni presentar propuestas agresivas, ni vender ideas o convencer de nada. Son tan tranquilos y amables, que dan ganas de conversar con ellos. Producen un deseo incontenible de relajarse, ser feliz, y nada más. Se perfilan perfectamente como enfermeros de hospital, porque al contar con ese efecto tranquilizante permiten que el paciente desarrolle justamente eso: paciencia. Cualquier larga espera al lado de ellos se hace breve y agradable. Con una leve sonrisa, o una palmada en el hombro, lo convencen de que lo mejor es esperar. Sin afán. Cero estrés.

Si deben presentar un informe empresarial, como gerentes de auditoría de la compañía, llevan a la junta directiva a las conclusiones más difíciles, pero tranquilos. Porque su estilo apacible puede conducir de manera casi imperceptible a ejecuciones definitivas, sin que nadie se dé cuenta. Son magníficos para liderar un simulacro de emergencias en la empresa. Con su efecto tranquilidad le saben explicar a todo el personal, aunque sean más de tres mil personas, que «todo está bien, no pasa nada, bajen con calma por la escalera trasera, uno por uno...» y la gente recibe sus instrucciones con tanta paz, que no experimentan pánico en ningún momento. Solo una tranquilidad inexplicable.

Mi papá, Gonzalo González Fernández, producía ese efecto. Era un hombre tranquilo, ecuánime, con la capacidad de controlar una familia de cinco hijos, todos bulliciosos. Cuando alguien se cortaba o sufría un accidente casero, él contaba con la parquedad para pensar con calma y dirigir a toda esa «tribu» a la tranquilidad, sin dejarse perturbar por la revolución de todos los que proponían miles de soluciones extremas a su alrededor.

Si estaba escribiendo sus magistrales artículos, podía producir las columnas más brillantes, en medio de cuatro hijas con sus novios, la música de fondo, el televisor encendido, mi hermano en el ensayo de su banda musical y mi mamá llamando la atención a alguna de nosotras porque ya era muy tarde y había que irse a dormir para ir al día siguiente al colegio. Aunque pasara un huracán, sus columnas en el diario *El espectador* siempre salieron publicadas, durante treinta años, con un efecto de profunda tranquilidad intelectual. Magistral. No existe uno solo de sus ex alumnos o discípulos, hoy eminentes personajes de la prensa en Colombia y el mundo, que no lo recuerden como su mejor maestro de periodismo o derecho.

Hoy, al estudiar el efecto, estoy segura de que no era solo por su brillante erudición, sino porque generaba una enriquecedora calma en el aula de clase. El efecto tranquilidad. Como él, las personas con este efecto, hablan despacio, son excelentes narradores. Cuando cuentan una historia, puede ser de suspenso o acción, siempre inducen al público a no perderse ni una sola línea del libreto.

Cuando hablan, el nivel de atención es muy alto. No se escucha ni el volar de una mosca. Y si llegara a escucharse, nadie se levantará de manera abrupta a matarla, sino que con absoluta discreción la ignorarán con calma, de tal manera que las personas a su alrededor siguen tranquilas y sin sobresaltos. Si llegan a decir algo al respecto, será como: «Es una simple e indefensa mosca... ¡tranquilos!».

No exageran, no se arriesgan, ni pierden el hilo porque simplemente producen un efecto tranquilidad que lo conduce a uno al desenlace de la historia como si se tratara de una película en la que las escenas, descritas con pasmosa calma, que uno casi las puede experimentar. Pero eso sí, con mucha paz y equilibrio. No puede ser de otra forma, porque el relator pertenece al grupo del efecto tranquilidad. Todo está bajo control cuando ellos se comunican.

Me parece que Larry King, el famoso periodista de CNN, cuenta un poco con ese perfil del efecto tranquilidad. Toda su vida condujo a sus entrevistados, sin que ellos se dieran cuenta. Planteaba preguntas tranquilas, con mucho criterio, que lograban respuestas impresionantes. King, de setenta y seis años, concluyó recientemente su famosísimo programa Larry King Live. Esta producción estuvo en el aire durante veinticinco años y ahora Larry King permanece en CNN realizando programas especiales.

En *Larry King Live*, entrevistó a los personajes más importantes de la política y el espectáculo de todo el mundo. Entró al libro de récords Guinness como el presentador con más tiempo de permanencia en un programa de este tipo. «Con este capítulo cerrado, espero entusiasmado el futuro y el próximo capitulo que vendrá, pero por ahora es tiempo para colgar mis tirantes»,[6] dijo King al despedirse, por supuesto con mucha tranquilidad.

También podemos incluir en este perfil del efecto tranquilidad a Jesús Quintero, el viejo loco de la colina, cuyo programa también se transmite por CNN en español y en Direct TV. Es uno de los entrevistadores con mayor personalidad de España. Comenzó su carrera televisiva en 1988 con TVE. Hoy, con «El loco soy yo» de Canal Sur, ha logrado mostrar a la sociedad española muy a su manera, tranquila y calmada, que lo hace muy diferente y original.

De pronto, en medio de una entrevista con un famoso, guarda silencio y hace unas pausas que parecen enormes. Por su espacio de tranquilidad y reflexión existencial han pasado actores, bailarines, cantantes, escritores, políticos, duquesas... Solo le faltaba entrevistar a un toro. Y lo hizo con la misma tranquilidad como si estuviera con un entrevistado cualquiera. ¡Olé!

El loco es tan tranquilo que, a veces, uno no puede creer el espacio entre pausa y pausa de sus frases. Es increíble el dominio y el efecto tranquilidad de esos intermedios. Logra que personajes como Shakira, Julio Iglesias o la Duquesa de Alba, lleguen a decir todo lo que él quiere acerca de sus vidas, pero muy, muy, tranquilos.

Me imagino que cuando los invitados ven después su entrevista, piensan: *¡Cómo pude decir tantas cosas!* Quedan atrapados en el encanto del efecto tranquilidad del loco. Relaja y, claro, consigue lo que quiera de su entrevistado, sedado y seducido por la delicia de su volumen, entonación, parsimonia y calma.

El efecto tranquilidad lo necesitan los gobernantes en medio de decisiones que afectan a una nación y que son publicadas por la televisión ante la angustia de las personas que esperan una respuesta de su líder. También lo deben desarrollar al extremo aquellos que trabajan en la resolución de conflictos. Puede ser desde una pequeña discusión entre esposos o entre dos entidades multinacionales que no logran un acuerdo entre las partes. O en los conflictos fronterizos entre naciones que no llegan a acuerdos sobre fronteras y propiedades de terrenos históricos.

Solo grandes líderes con el efecto tranquilidad pueden conducir a un país, familia o empresa a la calma necesaria en medio de una tormenta política y la presión de los medios de comunicación. Por eso cuando entreno a los voceros de las entidades para hablar frente a los periodistas, lo primero que debemos desarrollar, si no lo tiene por naturaleza, es el efecto tranquilidad.

Porque si no cuenta con él, debe aprender a producirlo de alguna manera. Cuando esa persona hable en las alocuciones presidenciales por los canales de televisión sus palabras, tono, postura, sonrisa, manos y hasta el diseño de su corbata, deben decir una sola cosa entre líneas: ¡Tranquilos... todo estará bien!

La serenidad produce un efecto convincente. En especial en el campo diplomático, son muy estimadas las personas que logran causar este impacto en quienes les rodean. Serenidad implica calma, actitud de equilibrio, longanimidad, paciencia, bondad y varios atributos que, en medio del mundo tan, pero tan, convulsionado, acelerado y cambiante de hoy, a veces parece imposible de conseguir.

La tranquilidad puede ser acompañada de simpatía y alegría. No es apática ni distante. Se puede bailar, cantar y sonreír con serenidad. Es una condición del alma que permite ser sensato. El espíritu apacible se convierte en una especie de corona que le permite a la persona ejercer una especie de «reinado» sobre la plataforma del mundo que le rodea. Quienes disfrutan de esta virtud producen un efecto en la gente que los lleva a un estado de confort permanente.

La serenidad es hermana de la calma y prima de la sabiduría. Pero es la mamá de todas las cualidades personales. El efecto tranquilidad deja ver a las personas con un halo de impavidez, valor, entereza, estoicismo y firmeza que las vuelve un poco superiores a los demás, como un grado más alto de civilización e inteligencia admirable.

3. Efecto autoridad

A este grupo de personas que producen el efecto autoridad no le interesa para nada el efecto que producen los dos tipos anteriores: ni calidez ni tranquilidad. A ellos lo único que les preocupa es conseguir orden y disciplina, para alcanzar los objetivos esperados aunque no le agraden a nadie y todos queden preocupados o al borde del colapso por el estrés. Pero consiguen lo que se proponen: resultados.

Cuando niños, son aquellos pequeños que al jugar con sus compañeros de colegio siempre mandan en el juego y no dejan que ningún otro tenga ni siquiera la más remota posibilidad de opinar o aportar sus ideas. Mucho menos de tomar decisiones sobre el juego.

Como crecen con ese tipo de efecto autoridad, al llegar a las empresas se convierten en gerentes con mucho liderazgo. Pero si no logran moderarlo corren alto riesgo de ser calificados como prepotentes, obstinados, intransigentes y arbitrarios. Su autoridad es tan evidente que se puede sentir en el ambiente, aun cuando no digan nada. Su sola presencia genera un efecto de cierto respeto, intimidación y un poco de estrés.

Logran que la gente a su alrededor haga lo que ellos quieren, porque dominan y controlan con una sola orden a todas las personas en las que ejercen influencia. Su tono de voz es autoritario, directo y cortante. No sugieren, imponen. Aunque la autoridad la pueden tener también los cálidos y tranquilos, estas personas de efecto autoridad producen en quienes los conocen un sentimiento de «debo obedecer» que genera siempre una actitud de respeto un tanto distante. Son los que toman las decisiones en la casa. O, por lo menos, los que todo el mundo busca para que las transmitan.

Cuando hablan en público son muy convincentes y persuasivos como «coaches» o entrenadores. Porque llevan a su auditorio de manera directa al «¡Vamos!», «¡Tú puedes!», «¡Nada es imposible!». No hay nadie que se quede sin entregarles la tarea perfecta. Porque su efecto autoridad produce en sus estudiantes o en su auditorio un deseo verdadero de cumplir a su alto nivel de exigencia. Son aquellos profesores inolvidables, como el de la película *La sociedad de los poetas muertos*, que llevan a los estudiantes a un nivel muy alto de compromiso con la materia, a punta de efecto autoridad.

La sociedad de los poetas muertos es una película clásica e impactante. Está basada en la creatividad, en el arte de la expresión, no solo escrita, con poemas o novelas, sino en la expresión de la vida, a veces condicionada por el temor a la sociedad. Basada en la obra original de N. H. Kleinbaum, y llevada al cine por Peter Weir, en su reparto se encuentran figuras como Robin Williams, Robert Sean Leonard, Ethan Hawke y Josh Charles. Inolvidable. Siempre hay que volverla a ver.

El efecto autoridad es exigente, inflexible, pero cuando pasa el tiempo, las personas lo recuerdan con mucho afecto, porque los deja marcados para siempre.

4. Efecto silencioso

Muchas veces causan mayor impacto las personas que no hablan nada y transmiten todo a partir del silencio profundo, que las de hablar excesivo. Porque saben expresar lo que quieren. La gente les cree, respeta y sigue. Producen el misterio del efecto silencioso.

Son aquellos que transfieren toda su autoridad, su energía y sus sentimientos con la mirada. Porque por lo general prefieren no hablar, a decir sandeces. Le tienen pánico a «hacer el ridículo» y por ese orgullo, mezclado con dignidad y timidez, siempre se ven muy bien puestos. Parece que se mantuvieran en un nivel distante y aparentemente muy frío, pero es por su mismo recogimiento. Si no se les sabe interpretar, el efecto silencioso se convertirá en una marca de arrogancia, que a pocos les agradará. Aunque detrás de toda esa pretendida altivez, más bien taciturna y sosegada, se esconde una gran timidez, que no les permite generar más que un efecto silencioso.

Ellos son la demostración clara y patente de que, para generar impacto, no es necesario hacer tanto ruido. Desde el silencio prudente, se convierten en las personas más influyentes de la familia. Como hablan poco, cuando se pronuncian, lo hacen con cordura y moderación. Por eso generan mucha credibilidad.

El efecto silencioso es el de los mentores de compañías que necesitan generar un halo de dignidad y una actitud de asesores de valor agregado, que sólo se logra desde el sigilo y la sabiduría de la escucha silenciosa. Conozco varias de esas personas que, aunque no abundan, por lo general se encuentran en altos cargos, son destacados en lo que hacen y alcanzan altos niveles de impacto, como gente que proyecta poder, desde el silencio. Sus subalternos por lo general les siguen de manera especial: también en silencio. En la familia, son los más respetados.

Si «uno es dueño de lo que calla y esclavo de lo que habla», según Sigmund Freud, las personas con este efecto silencioso son los más dueños de sí mismos y de sus propios silencios. Manejan una comunicación inteligente que, aunque muchas veces esté escondida detrás de su inseguridad no revelada, por lo general se muestran confiados y estables.

Parecen ser los menos cautivos y presos de la oratoria emocional e impulsiva, de las palabras desbordadas. Más bien se ven libres, calmados y ecuánimes. Producen a su alrededor el impacto de la gente interesante y enigmática.

El efecto silencioso no se encuentra en los grandes auditorios, ni en las presentaciones de alto impacto. Por lo general está sentado dentro del público, en la oficina de presidencia, o en el mejor sofá de la casa, cuando se trata de un papá o una mamá callados, pero presentes. Muy presentes.

Gobierna desde la comodidad confortable todo el ambiente. No le interesa llamar la atención como protagonista, porque prefiere ser un espectador interesante que vigila todo a su alrededor y no abre la boca sino para dar opiniones o comentarios relevantes. A su alrededor solo se escuchan los interesantes sonidos del silencio.

Si se trata de alguien que mezcla el efecto silencioso con el efecto calidez, entonces será de esas personas que afectan todo su entorno con un silencio apacible. Hace sentir a su prójimo en un «spa», donde pueden respirar profundo, hablar todo lo que quieran, reír, ver películas... sumergirse en la maravilla del silencio. No recibirán sino el poderoso impacto de la mirada silenciosa y dulce de esa persona que deja una huella impresionante. Porque parece que tuvieran un grado más alto de dominio que el de los demás, desde su podio silencioso.

5. Efecto amigable

Cuando las personas generan el efecto amigable son queridas y amadas por todos en su área de influencia. Se proponen ser amigos de todos y su principal objetivo en las relaciones es no tener problemas con nadie. Cuando aparecen los conflictos, prefieren evitarlos que enfrentarlos. Por eso sus palabras, aunque pocas, siempre están enfocadas en reconciliar a la gente y evitar las peleas. Por eso son los mejores amigos de todo el mundo y nadie tiene problemas con ellos.

El efecto amigable por lo general se siente más seguro en espacios como el café Starbucks de Nueva York, o el Juan Valdéz® de Colombia. Les gusta la música de fondo. Cuando quieren arreglar alguna situación de pareja, disponen el ambiente para que todo esté acondicionado para hacer sentir bien a la otra persona. Siempre saludan con buen ánimo. Son los que sonríen con dulzura al vecino en el ascensor. Saben dar la mano a las personas cuando se encuentran en una reunión social.

El efecto amigable en el escenario logra que las personas se sientan a gusto con la participación, porque cuentan con dotes de anfitriones que logran hacer sentir como en casa a todas las personas. Sus saludos y despedidas incluyen amistosos abrazos y palmadas en la espalda. Sus mejores conversaciones son alrededor de un café o un té aromático.

Las presentaciones de los comunicadores con este perfil son siempre llenas de imágenes gentiles que invitan al auditorio al compañerismo y la interacción. Utilizan dinámicas que proponen la interacción entre los participantes y, al finalizar, su mejor despedida es una enorme diapositiva que dice con signos de admiración: ¡Gracias!

Siempre agradecen, piden el favor, se preocupan porque todos se sientan a gusto. Les encanta agradar a las personas y por eso su efecto amigable es muy grato para todos los que tienen la dicha de escucharlos. Siempre les dicen al final: «Queremos más». Por lo general el tiempo con una persona amigable se va demasiado rápido y nadie quiere concluirlo.

6. Efecto multiplicación

El efecto multiplicación es como una especie de «contagio» que traspasa y trasciende a las nuevas generaciones. Todos hablarán de su «legado» y les contarán a los hijos de sus hijos lo que su tatarabuelo logró, en aquella época, cuando no se contaba con todas las ayudas audiovisuales ni las redes sociales como Facebook o Twitter. Era un efecto sin ayudas digitales. Ni gerentes dedicados al posicionamiento de imagen de su «big star».

El efecto multiplicador llega a introducir nuevos estilos, modas, *looks*... pero también ideologías, tendencias y cambios mundiales generacionales que se han vuelto parte de la historia de la humanidad. Como el «movimiento hippie» de los años sesenta, con el efecto «peace and love», o el «hip hop» de los 2000 con el efecto «flow».

Se aplica en nuevas formas de comercialización, como la de las ventas directas por multinivel. Es impresionante ver cómo entidades de marcas mundiales muy reconocidas por su táctica de venta logran la multiplicación por medio de una red compuesta por el consumidor que adquiere productos directamente, a precios más accesibles y como asociado. Con un código, este consumidor inicia un grupo de personas invitadas. Gana por los consumos del invitado, por el ahorro en sus propios consumos y por sus ventas.

También el consumidor final puede ahorrar en lo que compre y ganar por lo que venda. Multiniveles exitosos, con sus productos de belleza, salud, aseo... He vivido la experiencia de darles conferencias en los últimos tiempos en lugares como Portland, Oregon; Tulsa, Oklahoma; Atlanta, Georgia, Dallas, Texas, entre otros. De verdad que me ha impactado la manera como se multiplican las ventas y los asociados, tanto en Estados Unidos, como en Latinoamérica.

Cada integrante construye y dirige su propia fuerza de ventas. Recluta, motiva y entrena a otros para vender esos productos, a través del efecto multiplicador que se consigue por medio de la capacitación de su gente. No cabe duda de que estas empresas que trabajan con el sistema multinivel son muy exitosas.

El efecto multiplicador se vive cuando se muestran resultados. En el ámbito gastronómico, es impresionante ver lo que sucede en una calle de restaurantes famosos cuando hay uno lleno. Toda la gente que llega en busca de comida entra a ese, no a los que están vacíos.

Una de las formas de *marketing* más efectivas ha sido la de «voz a voz». No existe una forma comercial más productiva de multiplicarse que a través de un cliente feliz que le cuenta a otro cómo le fue de bien con su producto. Esa ha sido mi fórmula ganadora para llegar a las empresas y entidades más importantes de Colombia y el exterior. Paso a paso. Voz a voz.

Siempre me llaman por recomendación de personas de otras empresas que quedaron tan impresionadas con los programas de capacitación que salen a contar a sus amigos acerca de su propia experiencia de aprendizaje.

En algunas universidades prestigiosas dicen que mis talleres son los más «taquilleros», todo gracias al maravilloso efecto multiplicación. Paso a paso. Un empoderado feliz trae a otro y este a otro, y a otro... es imparable.

7. Efecto sensación

Me impresiona ver el programa *Factor X* en la televisión, en el que se escoge a los nuevos artistas por sus talentos. Las personas que seleccionan como ganadores, casi nunca son las que cuentan con más talento. Son las que generan el efecto sensación, por algún diferencial particular de su actitud y su esencia personal.

Cuando se trata de los niños, se nota más. En el programa *Factor X*, de Colombia, se presentó un niño sorprendente. Llegó a generar tal impacto en el riguroso jurado y en el exigente público del país, que todos lo dieron por ganador hasta el final del concurso, solo por el efecto sensación que causaba en la audiencia. Su impacto lograba elevar el *rating* del programa, aunque su voz no era tan buena.

Llegó a impactar a tal punto, que lo empezaron a llamar «Teo, la sensación» y se quedó con ese nombre artístico. No era otra cosa que su efecto en el público. Impresionante. No cantaba perfecto, era más bien delgadito, sin dientes, despelucado, a veces desafinaba... pero causó el efecto sensación.

Se volvió el amor de todos los colombianos. Hizo triunfar a su productor, que incluso llegó a emocionarse a tal punto que al verlo, a pesar de su fama de jurado rígido, exigente y estricto, parecía que se derretía con ese niño y hasta derramaba lágrimas de emoción cuando subía al escenario.

No hay duda, el *Factor X* produce el efecto sensación. Es «eso» que los jurados y el público no saben describir, pero que pueden percibir en un participante desde el mismo instante en que inicia su participación. Estos programas de «Talentos», «Ídolos» y «Factor X» lo que muestran es justo eso, que el talento no es suficiente.

Así mismo he visto perder a los más lucidos, preparados, con mayor técnica, con escuela desde la infancia, porque a los jurados no les simpatiza, no les llega, no les produce ese «algo» necesario para alcanzar el triunfo: el efecto sensación. Lo mismo sucede con programas de formato internacional, como «Colombia tiene talento» o «Yo me llamo...». Es impresionante ver cómo el efecto personal que causan los participantes en el jurado y en el público pesa tanto o más que su talento para la decisión final.

Ese «algo» llamado efecto sensación es lo que suele dejar sin aliento a los jurados cuando ven a un concursante que enamora a la gente y produce en el auditorio una atmósfera impactante que los impulsa a levantarse y aplaudir sin parar. Muchas veces no son los más prodigiosos los que encantan. Pueden ser los más humildes y sencillos, pero se les nota a leguas el efecto que los convierte en ganadores.

Está comprobado, una y otra vez; no se trata solo de entrenamiento y preparación. Vamos a ir mucho más lejos. Más allá de las habilidades de comunicación y del talento artístico. Vamos a explorar las profundidades insondables y providenciales del efecto personal que nos permitirán ser empoderados al máximo, alcanzar nuestros sueños y causar el efecto sensación.

8. Efecto diferencia

Lo que más produce efecto es el factor diferencial que da el ser auténticos. Ser originales. Únicos. Cuando un artista, político, deportista o conferencista se destaca y llega a altos niveles de impacto y fama, cuenta con ese factor que produce el efecto diferencia.

Este efecto lo logran aquellos que son auténticos, únicos. Que no intentan imitar a nadie, sino que imparten en la gente su propio estilo, con la seguridad de que su talento es lo máximo y de que pueden ser ganadores de Premios Grammy y Premios Nobel, por la fuerza que emana de ellos mismos y que nadie más podrá adquirir, hagan lo que hagan.

Si hablamos de los Premios Óscar, podremos entender mucho más a qué se refiere el asunto. Todos los artistas galardonados son portadores del efecto diferencia. Cuando pasan al escenario, la noche de la entrega de los premios, sobresalen por un discurso que hace reír, llorar o asombrar... Pero siempre impactan con su efecto diferencia que los llevó a ser nominados y a ganar la preciada estatuilla de Hollywood.

Si no que lo diga la galardonada actriz de la academia en 2012 por la afamada película *La dama de hierro*, Meryl Streep. ¡Qué efecto tan fascinante!

Impactó ver a Meryl Streep en ese momento tan particular en la entrega de los premios BAFTA al perder un zapato mientras se dirigía a recibir el galardón como mejor actriz por su papel en *La dama de hierro*. ¡Qué capacidad para encantar y enamorar al público! En medio de un accidente en el cual otra mujer se hubiera visto ridícula y patética, Meryl Streep se mostró airosa, sonriente, elegante, hermosa, natural y campante camino al escenario, como si nada. Segundos más tarde, recibió su zapato nuevamente.

Su actitud ante semejante hecho fue de verdad sorprendente. No se paralizó, ni se sonrojó, ni tartamudeó; siguió adelante tan airosa, segura y encantadora, que hasta parecía parte de un libreto. Se hubiera podido ganar otro Óscar por esa magnífica escena que parecía parte de una película en la que hiciera su mejor papel. Tuvo la habilidad —no fácil de adquirir—, de convertir semejante accidente en una escena a su favor, encantadora e inolvidable.

Se puso la mano en la cintura, sonrió esplendida, los miró a todos a los ojos y, acto seguido, mostró un ademán fabuloso como que: «¡Aquí no pasa nada... sigo siendo la reina... y ¿qué?!». Fue increíble aquel impacto. La llevó no solo a recibir el premio con altura, a pesar del incidente; además, el efecto diferencia le permitió verse fantástica.

Podríamos mencionar a muchos que sobresalen por su talento y profesionalismo, pero que han alcanzado altos niveles de fama e impacto debido a su efecto diferencia en Hispanoamérica. En los deportes, Pelé, Mesi, Cristiano Ronaldo, Radamés Falcao García, Kaka... En las artes: Fernando Botero, Salvador Dalí, Alejandro Obregón... En la música: Caetano Beloso, Shakira, Armando Manzanero, Alejandro Sanz... En cada disciplina se destacan personajes por el efecto diferencia. Son los que van varias millas más allá de lo técnico y se convierten en figuras de identidad, con un particular y exclusivo sello propio. Nadie se les parece, pero al final, todos los quieren imitar.

Está claro que la famosa cantante de pop latino, Shakira, con todos los Grammys ganados y el impacto por el «Waka Waka» del Mundial, no se destaca sólo por el movimiento espectacular de sus caderas, aunque ciertamente le da muchos puntos. La verdad es que en la historia, cientos de mujeres han bailado la danza oriental. Pero Shakira cuenta con el efecto diferencia.

No se puede negar que nadie en el mundo entero danza como Shakira. La mezcla perfecta y única entre la cadencia de la cumbia del Caribe barranquillero y el ancestro árabe del apellido Mubarak de su padre, logran un impacto mundial. Una fusión fabulosa entre el sancocho con patacón «pisao» costeño y el kipe con *tabule* y *tajine* árabe.

9. Efecto transformación

El impacto que el efecto transformación produce en la gente es un cambio extremo que se puede describir como el «antes y después» de una persona o de toda una organización. Aquellos que poseen esta virtud transformadora, casi siempre están dedicados a enseñar, ser docentes, maestros. Para ellos la vida es como un aula en la que siempre están dictando clases.

Si disfrutan de una noche romántica con su pareja, y miran la luna tomados de la mano, no podrán evitar enseñarle a su amado cuáles son los complicados nombres astronómicos de cada una de las estrellas y las constelaciones, además de la raíz etimológica de cada nombre. Es increíble, pero nunca pueden dejar de dar lecciones y tratar de ayudar a los otros para que sean mejores, a través de sus magistrales lecciones de vida.

El efecto transformador también se encuentra en personas con talentos y habilidades para el diseño, la arquitectura y la decoración. Aunque lo que cambian no son las personas, sino espacios internos y externos, impresiona ver cómo su don estético y su buen gusto logran transformar cualquier escenario con solo cambiar de lugar un cuadro, colocar un florero o arreglar los adornos de una mesa.

Este efecto transformador, como todos los demás, es muy evidente. Si se trata de funcionarios públicos, son capaces de darle un giro total a una ciudad entera. Siempre se nota su capacidad de educar. Por donde pasan, todo brilla y mejora, como en las propagandas de jabones para lavar vajillas y ollas en la cocina, que con un solo trazo del jabón arrancan la mugre y todo queda resplandeciente.

Si son filósofos o doctores en ciencias políticas, pueden llegar a transformar la manera de pensar de las personas, romper sus paradigmas, cambiar de hábitos, renovar su biblioteca... Toda una cultura puede llegar a un cambio extremo, desaprender y volver a aprender algo nuevo, con un líder con que tenga este efecto transformador.

Ellos no pierden el tiempo con lo operativo y lo logístico, su vida entera está dedicada a sumergir al mundo que los rodea en el contenido de brillantes procesos de cambio, con un propósito claro. Creo que en este grupo se pueden encontrar autores y escritores que logran llevar a las personas a encontrar su objetivo en la vida. Como el inigualable Max Lucado, uno de mis autores favoritos del Grupo Nelson. Cada palabra, cada frase, cada línea que escribe, cuenta con un poderoso efecto transformador. Esa es la clave de su éxito. No se trata de una literatura densa, fundamentada en el peso gramatical de las palabras ni en el lenguaje de la ficción. Todo lo que dice produce una maravillosa sensación de mejoramiento para las personas que cuentan con la dicha de leerlo. No hay ningún libro suyo que no logre el efecto transformador. Además tiene un exquisito sentido del humor y una amenidad que le dan un gran valor agregado.

Si se trata de un conferencista, el efecto transformador lo lleva a niveles muy altos de calidad. Pienso en alguien como Larry A. Downs, el vicepresidente de Grupo Nelson. Lo he escuchado en varias oportunidades ante grandes auditorios de libreros. Me impacta su capacidad de generar el efecto transformador en su público. Downs es un hombre de un metro noventa de estatura y una capacidad de liderazgo como publicador impresionante. Ha logrado transformar las editoriales en las que ha trabajado, por su oportuno y estratégico sentido de la innovación.

La primera vez que lo escuché, habló de «¡los huecos en sus calcetines¡», para referirse al liderazgo. La segunda vez, disertó sobre «cómo utilizar los clavos que ya nadie usa», para referirse al cambio. En ambos casos, el efecto transformador en el auditorio —y particularmente en mí— fue genial. Desde que lo escuché, aprendí a valorar mucho más el liderazgo y a vivir los cambios como factor de éxito. Fantástico.

El efecto transformador conduce a la gente a reflexionar, a ir más allá de lo que se ve, a avanzar a un crecimiento personal basado en la metamorfosis de su propio carácter o forma de pensar. Sus pensamientos, ideas y sentimientos, nunca serán los mismos. Que lo diga el público de Larry A. Downs. Espero contar con el privilegio de escucharlo en muchos nuevos escenarios en diferentes lugares del mundo.

10. Efecto chispa

¡Qué delicia la gente que cuenta con este efecto chispa! Es muy especial estar al lado de una persona de esta «especie». Están llenos de simpatía. Son los que, al hablar, escribir, cantar o aun manejar su automóvil en silencio, producen en los otros una fascinación exclusiva y un «toque» de gracia muy especial. No necesariamente porque sean muy atractivos en su físico. El ser «encantador(a)» no tiene que ver con la belleza física del individuo. Pueden ser personas sin muchos atributos físicos en su apariencia personal, incluso pueden ser hasta feos. Porque su atracción la genera una simpatía especial que transmiten a la gente. Es casi como un atractivo y poderoso imán que nadie puede dejar de admirar.

Cuando alguien con el efecto chispa se encuentra en el escenario, la gente a su alrededor lo mira con la boca abierta. Es increíble, pero parece algo así como un encantador de serpientes. Cuando habla casi que hipnotiza a quienes le escuchan y consigue de ellos lo que quiera porque son muy, pero muy, divertidos.

Me parece que mi compatriota colombiana, la actriz Sofía Vergara logra este efecto simpatía en todo el mundo. No me refiero a sus atributos físicos, que saltan a la vista. Tampoco a sus talentos como actriz, con varios premios de cine. Sofía «La Toti» Vergara es, además de una mujer muy atractiva por su belleza física, una personalidad que genera el efecto simpatía al extremo. Cuando se ríe, su enorme sonrisa logra cautivar de tal manera a los auditorios más exigentes de Hollywood, tanto que ha dejado relegada a más de una famosa estrella americana o europea a su paso. Hoy no hay nadie que no hable de Sofía Vergara en el mundo del cine.

Esta actriz nominada al Globo de Oro, al Emmy, al SAG... comenzó a surgir cuando causó gran impacto con su simpatía en una inolvidable propaganda de una marca mundial de bebidas refrescantes. Por su chispa, ha llegado muy lejos. Fue presentadora en los American Comedy Awards para Fox. Ha participado en muchas películas y formó parte del elenco de la serie de la cadena ABC *The Knights of Prosperity*. Es reconocida modelo de algunas de las principales marcas en Estados Unidos. En la actualidad protagoniza la serie *Modern Family*, de ABC, nominada a los Emmy, los Golden Globe y los Screen Actors Guild. Todo eso, a través del efecto chispa.

Este perfil fascinante no lo manejan solo las grandes divas con medidas perfectas como Sofía. También lo transmiten algunos políticos, vendedores, deportistas, recepcionistas de oficinas, meseros, protagonistas de telenovelas, humoristas... Lo poseen aquellos que, sean famosos o anónimos, sin proponérselo siempre encantan. Cuando hablan, los escuchan no solo por lo que dicen, sino por la forma encantadora como dicen cualquier cosa. Logran encender chispas de fascinación en quienes cuentan con la dicha de estar a su lado.

Aunque por lo general son queridos por la gente, en muchas ocasiones producen la envidia de varias de las personas que les rodean. No soportan su gracia y su simpatía desbordada. Les produce rivalidad, ira, celos y toda clase de sentimientos inevitables. Pero ellos se muestran tan seguros de su potencial, que casi nunca sufren ni se preocupan por la envidia que causan. Su única preocupación es seguir produciendo chispas espectaculares y encantadoras a su alrededor.

Para aquellos a quienes se les despierta la envidia por el efecto chispa, mi sugerencia es: dedíquense a trabajar por sí mismos en su propio efecto. Les aseguro que ustedes cuentan con un impacto especial que, aunque no sea tan «encantador», puede impresionar y hasta fascinar con lo sencillo, lo tranquilo, lo sobrio, lo simple; hasta llegar a generar un mayor impacto que las chispas de los simpáticos. Pero basado en su propio encanto. Recuerde que el efecto no se imita, se desarrolla de manera personal e individual, como una marca exclusiva y registrada.

Lo importante es descubrir su propio efecto. En eso radican todos los secretos para alcanzar el mayor resultado en su comunicación. No malgaste su tiempo con la rivalidad que le produce el efecto de otros. Descubra cuál es el diseño que Dios le dio a usted y trate de alinearse con él. Se quitará de encima el fastidioso, esclavizante y mortal peso de la envidia. Vivirá la dicha ligera, libre y fascinante de empoderar su marca. Porque usted cuenta con su propia chispa, su propio efecto.

11. Efecto motivación

Uno de los mayores dones de la comunicación es lograr motivar a un auditorio. Se requiere de habilidades muy finas para penetrar en las fibras más sensibles de las personas y conducirlas a un estado de positivismo que los impulse a nuevas acciones en la vida, en la familia, en la empresa y en toda su área de influencia. Hablo de motivar, no de manipular. Es muy distinto.

Cuando una persona es buena motivadora, por lo general, es contratada en las empresas para que consiga los resultados esperados por el negocio, frente a los clientes externos. El efecto motivación lleva a la gente a «ponerse la camiseta», a tomar decisiones que antes le parecían difíciles y a decidir acciones que nunca hubiera imaginado. Da sentido de pertenencia a la entidad, impulsa el vigor y produce una pasión por la visión, que pocos pueden lograr.

Una persona con el efecto motivación lleva a sus familiares y amigos a sentirse promovidos para lograr sus objetivos. Siempre les hará sentir que todo es posible y que no hay ningún león que no puedan cazar en la espesa, húmeda y difícil selva de su día a día.

Motivar es un don especial. Inyecta ánimo, adrenalina y estímulo suficiente para conducir a la audiencia a conquistar terrenos no fáciles. Pueden pasar del sueño a la conquista sin problemas porque su efecto motivación en la comunicación es fuera de serie.

Es muy especial ser motivador de la comunicación. Ver a las personas en los auditorios llenas de nueva vida. Pero más que la motivación, me apasiona el empoderamiento. Generar en cada participante un cambio y ofrecerle una oportunidad de desarrollo, entregarle herramientas para el desarrollo de sus competencias comunicacionales y de sus procesos de aprendizaje.

12. Efecto sencillez

Nada enamora más que la sencillez. Pero no es tan fácil obtener este valioso efecto. Como dije en mi libro *Habilidades de comunicación escrita*: «Sencillez es igual a madurez».[7] Me refería a la entrada de las memorias de Gabriel García Márquez en *Vivir para contarla*, cuando dice: «Mi madre me pidió que la acompañara a vender la casa».[8]

Confieso que esperaba algo así como mariposas en tecnicolor o una descripción entre mágica y llena de ficción de la población de Aracataca. Pero no. Dijo con la sencillez más limpia y diáfana: «Mi mamá me pidió que la acompañara a vender la casa».

Duré mucho rato tratando de digerir el asunto. Tiempo después de pensarlo entendí: «Sencillez es igual a madurez». Entre más enredada, pesada y rebuscada trate de ser la comunicación, menos efectiva, asertiva y persuasiva será. Comprendí que esa entrada de Gabo era la más sencilla, pero la más bella y grande de todas.

Por esos días también escuché en CNN en español a mi amiga Claudia Palacios, periodista colombiana, entrevistar al escritor y Premio Nobel Mario Vargas Llosa, cuando cumplía sus setenta años. Dijo que cuando comenzó a escribir buscaba palabras más complicadas. Con el paso de los años, entendió que lo más importante es ser claro y llegar más fácil al lector, con sencillez.

Si miramos la tendencia moderna del minimalismo encontramos que «menos es más». Lo de hoy es «el valor de lo simple». Es toda una cultura.

No se puede llegar a él de buenas a primeras, sin antes haber pasado por el rompimiento urgente de los paradigmas que afean, complican y confunden la comunicación.

El de la sencillez es por eso uno de los más bellos entre los efectos extraordinarios. El que lo consigue puede verse mucho más grande, maduro, relajado, genuino, natural, sereno, sin pretensiones y sabio. Quienes tratan de rellenar sus mensajes con muchas complicaciones y palabras pesadas, no logran nada. Generan el antiefecto de la arrogancia que tanto espanta a la gente.

Una persona con el efecto sencillez no es insípida ni aburrida. Se puede ser sencillo y atractivo, impactante, divertido, simpático y genial.

CAPÍTULO 4

LOS BENEFICIOS DEL **EFECTO.** ¡VÍVALOS!

DESPUÉS DE CONOCER E IDENTIFICAR SU EFECTO, EL PASO siguiente es conocer los beneficios que puede obtener con su diferencial. Se le notará un sello distinto entre todas las demás personas. Le ayudará a alcanzar su nivel comunicacional de persuasión, asertividad y alto impacto.

Los beneficios y diferenciales los podemos clasificar de acuerdo al tipo de efecto personal. He aquí algunos de ellos.

Seguridad

Conocer el efecto le dará un piso estable para avanzar hacia la seguridad en sí mismo y en su diseño original para transmitir ideas, conceptos y mensajes a las personas. Cuando usted tenga claro cuál es el impacto que causa, podrá relajarse un poco y no tratar de causar el efecto de otros, lo cual nunca podrá lograr porque siempre parecerá un imitador.

Conocer el efecto personal implica que usted se presenta tal como es. Sin pretensiones de ser otra cosa más o menos de lo que realmente es. Si el efecto que causa es el de la calidez, entonces será terrible que intente ser una persona de efecto directo. Imposible. Se morirá sin lograrlo, o se verá muy falso y fingido.

El efecto es algo que se lleva impregnado en la piel y en la esencia personal. Por lo tanto, tratar de producir otro será un desastre en las personas que le rodean y una seria marca de inseguridad en usted. Le bajará la autoestima y le hará sentir muy desubicado en su comunicación.

Al potenciar su propio efecto, llegará más rápido al resultado esperado en las personas que le rodean. Si usted es una persona con efecto dulce, no trate de ser una de efecto autoritario. Sería un desastre. Se atropellaría a sí mismo. Alquien con efecto dulce produce empatía porque genera un estado muy agradable con sus comentarios suaves, delicados, amables y afectuosos; nunca rígidos, sino siempre flexibles y amorosos.

Imagínese a una persona tranquila, callada, introvertida, con sonrisa casi imperceptible, siempre muy compuesta y aplomada, tratando de generar el efecto calidez o viceversa. Se vería ridícula. Ni lo intente. Su clima personal, sus niveles de influencia, están diseñados para lograr el efecto dulzura. De manera que no trate de generar el efecto calidez y pasión porque no le lucirá para nada.

El efecto dulzura genera como diferencial la ternura, la diplomacia, la tranquilidad, la pasividad deliciosa y ese es el que necesitamos llevar al estrellato. De lo contrario, terminará más bien por estrellarse.

Por eso es tan importante y relevante reconocer, descubrir y entender su propio efecto. Es como encontrar la ruta directa hacia la conexión interpersonal con un vuelo sin escalas. Sin esperas. Es llegar directo a la gente, sin rodeos.

Si usted es de efecto calidez sea el mejor cálido de todos. Eso es lo suyo. No intente ser áspero y agresivo. Pronto verá que después de reconocerlo, descubrirlo y entenderlo, terminará por amar su diferencial. Lo cual es el contacto directo con su autoestima y su inteligencia emocional.

Conexión

Cuando superamos el primer paso —saber detectar el efecto que causamos—, el siguiente es comenzar a transmitirlo con seguridad y conciencia a los demás. Me impresiona ver cómo la gente siente un terrible pánico escénico que los paraliza y los desalienta para realizar una presentación en la que deberían lucirse. Muchos se sienten tan inseguros que terminan por arruinarlo todo con su temor extremo —lo que los bloquea— de modo que se les olvida el «libreto» de manera absurda.

Quienes se paran firmes en su propio efecto llegan de manera muy fácil a la gente y generan un impacto especial. Nada mejor para la comunicación interpersonal que saber conectarse con los demás de manera directa, sin rodeos. La gente les cree, los valora y los ama. Les expresan siempre su gratitud por ser como son. Ellos logran extraer lo mejor de quienes les rodean, porque el efecto es como un detonante que hace explotar las mejores relaciones con un individuo o con miles a la vez.

Si usted trata de conectarse con las personas con complicaciones, los perderá. Si se comunica con la naturalidad de su propio efecto, conseguirá de inmediato una conexión directa con su entorno. Por eso es que los que han logrado potenciar el efecto son los mejores vendedores del mundo. Lo perfectos líderes de servicio al cliente.

Son también los mejores políticos. Siempre ganan las elecciones. Nada impulsa más el voto por una persona que el efecto positivo de su comunicación. Si se ha dado cuenta, en las últimas generaciones de presidentes en el mundo entero, la gente ya no vota por los partidos políticos, por los ideales ni por el color del partido tradicional. Gana el candidato con más efecto.

Por eso hoy el *marketing* político es clave para conseguir el impacto de un candidato. Los expertos en imagen trabajan con él durante la campaña para potenciar al máximo el efecto que causa en la gente.

Por ahora, para mí, la prioridad es potenciar la imagen del líder más importante: usted. Su brillo es mi prioridad. Lo invito a que juntos logremos su *marketing* personal, para impulsar su carrera de vida, cualquiera que sea el oficio que desempeñe.

Sin duda, la conexión con el efecto personal eleva los niveles de conexión con la gente y alcanza resultados mucho más contundentes. Cualquiera que sea su negocio. Le cuento que sirve aun para conquistar a la novia. O para generar una mayor huella en los hijos, sean niños, adolescentes o ya casados. También para los nietos, porque ellos sabrán detectar, desde muy pequeños, cual es el maravilloso efecto que causaron los abuelos en sus vidas. Imborrable.

Dominio de sí mismo

Siempre digo en mis talleres de presentaciones de alto impacto: «Les tengo una mala noticia: el pánico escénico nunca se quita». Luego les doy la mejor noticia: «Usted sí puede controlarlo». Acto seguido, les entrego una «caja de herramientas» comunicacionales, prácticas y sencillas, para lograrlo. Estas se encuentran bien descritas en el libro *Habilidades de comunicación hablada*.[1]

Sin embargo, les tengo una noticia nueva y positiva: los temores para comunicarse y el pánico escénico se pueden vencer con facilidad si sabemos detectar y trabajar el efecto que causamos en las personas.

Es evidente que el pánico entra cuando nos sentimos inseguros de ese efecto que vamos a generar. Pensamos que no seremos capaces y lo que más nos bloquea es el temor al ridículo, al «qué pensarán de mí». Pero cuando tengo claro que el efecto que causo es magnífico, puesto que logré empoderarlo y maximizarlo, entonces puedo vencer a esos gigantes del temor y sacarlos corriendo de mi zona de influencia.

Para llegar al drástico y notable cambio —de lo pusilánime al alto impacto—, la tarea es: Primero, reconocer los errores y vicios de nuestra comunicación. Luego, entender que, por encima de lo que piensen de usted, lo importante es el efecto que puede causar en las personas para persuadirlas y extender así su mensaje.

El secreto es entonces encontrar su propia identidad y cumplir así su propósito de vida: influenciar a otros y transformarlos con un nuevo mensaje novedoso y refrescante. Cuando se conecte con el efecto, con su diseño, con su propósito, sin obsesionarse por agradar a la gente, comenzará a dar lo mejor de sí a las personas. Entonces logrará dimensiones impresionantes de proyección a nivel masivo o individual.

Llegará a tener clara una de las claves del efecto: lo importante no es lo que piensen de mí, sino lo que yo pueda darles para generar un cambio en sus vidas. Se le comenzará a notar tanto, que generará una revolución en el público al escucharlo. No parecerá el mismo tímido, temeroso, inseguro, falto de personalidad, lleno de pánico escénico y sin dominio de sí mismo. Esta vez se sentirá como nuevo. Muy seguro del efecto que causará en las personas. De su nueva identidad y posición. De la gracia que esa nueva marca le dará y del poder para ser un extraordinario comunicador.

Empezará a dar todo lo que tiene a su auditorio. Al sentirse lleno de pasión, innovación y coraje, ya no se preguntará si les agrada o no. Ya no tratará de ser como Andrés, Felipe, Viviana, Ricardo... Las personas que antes lo veían con aburrimiento, ahora quedarán aterradas al verle, con semejante efecto. Terminará por convertirse en un orador de alto impacto.

Saque su propia esencia, deje de ser tan medroso. Plántese ante miles de personas que esperan algo a través de su mensaje, que buscan que les dé lo mejor de usted mismo, con una conclusión poderosa y contundente. Ese día llegará y miles de personas serán transformadas y empoderadas. El resultado será tal, que cientos de personas en el mundo seguirán sus pasos, a través de sus poderosos discursos. Eso sí que será efecto.

Alto impacto

Uno de los mayores beneficios de la gente con el efecto es que llenan cualquier escenario con su figura. No importa de qué tipo de efecto hablemos. Puede ser calidez, autoridad, tranquilidad, afecto. Todas y cada una de las personas que generan el efecto llenan cualquier lugar o espacio donde se encuentren, lo saturan con su fuerza interior y exterior, porque son «llenadores». Las demás personas están en el plano de los «comunes y corrientes», es decir, no pasa nada a su alrededor. Nada.

Tal vez a los que se encuentran en la gran masa de los «comunes y corrientes» no les interesa generar el efecto. Aunque, en el fondo, les gustaría producirlo, no saben cómo. A estos últimos me dirijo con más énfasis en este libro. Aquellos que ven con admiración a los que están en el lado brillante del efecto, pero se sienten incapaces de llegar a adquirirlo y se conforman con el lado sombrío de la falta de efecto.

Es una mentira que creyeron, se conformaron y se les convirtió en fortaleza mental. Se sienten impedidos de producir algún impacto, de dejar huella, de transformar su entorno, de influenciar a otros. Se han conformado con admirar a los que impactan, los aplauden y elogian, pero en el fondo los miran recelosos porque logran causar el efecto que ellos jamás logran ocasionar.

El efecto se puede conseguir. No es un privilegio de unos cuantos que nacieron con «estrella». Es cierto que sí existen algunos que lo producen por naturaleza, porque nacieron con un carisma especial, como un don divino de producir en la gente mucha simpatía y llamar la atención por sí solos.

Pero esos son el veinte por ciento —si acaso— de la población. El resto debe adquirirlo por medio de un proceso de cambio en la actitud, que proviene de la valoración de sí mismos y de la determinación de conseguir el efecto en su zona de influencia, a partir de un empeño interior que trabajarán de por vida. Están también los que producen el efecto contrario. Logran intimidar, acusar, asustar y manipular de tal manera, que todo el mundo les tiembla y termina por hacer lo que ellos dicen, aunque no estén de acuerdo. Por simple ley de control.

Estos personajes generan una «admiración» en la gente. Son líderes de gran poder y fiscalizan a las personas de manera casi subyugante. Poseen el mal hábito de dominar y maltratar para conseguir todo lo que quieren. Viven convencidos de que están en lo correcto cuando hacen uso de su manipulación agresiva.

Son capaces de hacerle creer al otro que es él quien está mal. Con sus gritos y exasperación, con su retahíla agresiva, generan pánico. Casi todos les tiemblan y los quieren agradar, porque con su nivel de alta exigencia y dominación, los tienen convencidos de que no existe nadie como ellos en el mundo para liderar su vida. He conocido unos cuantos líderes en ese perfil. Cuentan con un nivel de impacto inverosímil en la gente. Por eso lo llamo el antiefecto, que será tema del próximo capítulo.

El concepto del efecto debemos librarlo para que sea asociado con la buena impresión y el impacto positivo, la huella amable, la influencia inteligente, la sonrisa, el buen consejo, la sabiduría pacífica. No con la nefasta huella del control y la manipulación agresiva. El efecto tiene que ver con la luz. Con el lado positivo de la influencia. Con la fortuna de las personas a su alrededor.

Ese efecto positivo sí es un referente, aquellos que lo portan pueden llegar a ser sus mentores. Pero a los que imponen su efecto de agresiva dominación, por favor no trate de imitarlos, ni de seguirlos. Más bien escápese, huya de ellos y déjelos bien lejos. La consigna es: Del antiefecto, sálvese quien pueda.

Influencia

El efecto deja en las personas el sello de lo positivo. El ánimo, las ganas de vivir, el agradecimiento, el entusiasmo, la motivación y el empoderamiento. Conozco muchos líderes que se encuentran en este lado positivo del efecto. Son maravillosos. Capaces de dar su vida por impactar de manera positiva a las personas que les rodean. Son las profesoras inolvidables. Las abuelas que todos aman, porque siempre guardan con cariño en la mesita de noche algunos dulces para los nietos.

Es el efecto de los meseros en el restaurante que hacen sentir como en casa a sus clientes. Tanto, que a uno hasta le da pena tanta atención. Su capacidad de servir con desinterés se les nota en la sonrisa, en la mirada y en cada poro de su piel.

Cuidado aquí. Porque el efecto no es un discurso mecanizado, aprendido, en un curso de servicio al cliente. O un estímulo sobre actitud mental positiva. No es una letanía ensayada para tratar de vender un producto más. No es el capricho de un niño consentido para que le compren un helado.

El efecto es pasión verdadera. Es una marca perfecta de excelencia interior, que no se puede confundir con la manipulación. El efecto no necesita del engaño. Es puro, natural, pacífico, auténtico y sobrio. Sin artimañas para lograr intereses personales. El efecto se causa por sí solo. Sin ninguna intencionalidad más allá que la de hacer feliz a la gente a su alrededor, de manera genuina. No habla acerca de «cómo puedo ser feliz», sino de «cómo puedo hacer feliz al otro». Ese es el enfoque del efecto. Si lo consigue, estará a un paso de lograr mucho más de lo que se propone.

Piense en cualquiera de los líderes de la humanidad que han causado el efecto en las páginas de la historia. De todos ellos, Jesucristo ha sido el que mayor huella ha dejado. ¿Por qué? Pues porque vivió en su paso por la tierra con tres únicos objetivos: 1. Amar. 2. Amar. 3. Amar...Y el resto... ¡Amar! Por eso el verdadero efecto del cristianismo está basado y fundamentado en el amor. Nada más. Ese fue el fundamento y el valor de toda su influencia en la humanidad.

Los demás líderes de la historia han sobresalido por sus excentricidades, humanismo, extraordinarias ideas, filosofía existencial, capacidad de invención o tenacidad. Jesús amó al mundo de tal forma, que dio su vida para que nadie se perdiera. Por eso lo siguieron las multitudes. Su discurso era una manifestación de oratoria extraordinaria.

CAPÍTULO 5

EL **EFECTO** CONTRARIO O «ANTIEFECTO». ¡ELIMÍNELO!

AL UTILIZAR MAL EL DON NATURAL DE INFLUIR EN LAS PERSONAS y dejar huella en ellas, con el efecto que causan, algunos generan lo contrario: el antiefecto. Quiere decir que la capacidad para producir impacto, para impregnar su esencia en el ambiente y en el alma del otro, puede ser utilizada para bien o para mal. Pero sigue siendo la misma fuerte y poderosa habilidad de influenciar.

Por eso es tan sensible el tema. No se trata solo de atraer a la gente para manipularla o convencerla de hacer lo que usted quiere que haga. Contar con el efecto implica un compromiso con los valores como integridad, respeto, transparencia, honestidad, profesionalismo, trabajo en equipo o cualquier otro de los principios y valores universales.

La diferencia entre el efecto y el antiefecto es que este último se utiliza para seducir, manipular, controlar y hasta maltratar a las personas. De esa manera se desvirtúa por completo el beneficio del efecto y se convierte en un arma peligrosa que muchos utilizan para conseguir sus propios fines de manera maquiavélica: el fin justifica los medios.

La funesta influencia del antiefecto en las personas genera resultados desastrosos en la cultura de la comunicación. No se puede hablar aquí de comunicación inteligente, sino de maniobra sagaz y perversa con el fin de utilizar a las personas.

Si usted nació, creció y se relacionó siempre con gente que se mueve en el ámbito del antiefecto, debe saber ahora que eso no es «lo que le toca». Es decir, no es lo que debe ser, aunque le parezca común. A partir de este libro, puede cambiar su forma de relacionarse y generar un buen efecto. Comience por apostarle a la valoración de las personas. A pensar en la necesidad y el beneficio de ellos, antes que en el suyo propio. Verá los resultados.

Luego medite en esta verdad: todo lo que usted dice, hace, mueve y piensa, genera un efecto en los demás. Deja un impacto. Así que, por favor, utilícelo para influenciarlos de manera positiva. Dé lo mejor de usted. Aun en las conversaciones cotidianas más sencillas.

Aun con su sombra, usted genera un efecto en la tierra. O un antiefecto fatal. Por eso me tomo el cuidado de separar el espacio para este capítulo que, aunque mejor me gustaría no mencionarlo, debo alertarle acerca de los tipos de antiefecto más comunes. Tome nota. Elabore una cuidadosa revisión de su impacto en las personas y en el ambiente.

Antiefecto intimidante activo

No sé si usted conoce alguna persona con el antiefecto intimidante. Son de verdad personajes muy complejos. Apabullan con su expresión, sus comentarios o aun con su sola presencia. Sin proponérselo, producen en la gente un cierto temor reverencial, que amedrenta y paraliza.

En mis programas de mentoring para comunicadores inteligentes he tenido que entrenar a algunos de ellos y no ha sido nada fácil. Porque aunque no sea su interés amilanar, lo logran con solo mirar. Cuando hablan en público, producen temor. Asustan a los oyentes y les dan la sensación de que cualquier cosa que digan puede ser usada en contra. Por eso prefieren no participar, para no ser ridiculizados. Su expresión de desconfianza, de crítica interior, cuando están sentados en una sala de juntas, produce el antiefecto intimidante al escuchar a alguien realizar una presentación.

Pero si ellos son los presentadores, es el público entero el que se sentirá intimidado y acobardado. Porque con su tono y su postura un tanto arrogante, los del antiefecto intimidante llegan al punto de limitarse tan solo a respirar. El hecho de pensar en levantar la mano para participar, plantear una pregunta o mostrarse en desacuerdo, ni siquiera se les ocurre en un escenario donde el orador es alguien de este perfil.

Si lo llevamos al plano de la comunicación en pareja, encontramos que los cónyuges con el antiefecto intimidante llegan a anular tanto a su pareja, que les asusta incluso intervenir en una conversación. Se encuentran tan apocados que prefieren callar, antes que llevarle la contraria a su amado que porta el antiefecto intimidante. Ni siquiera se atreven a levantar la cabeza, ni a dejar fluir su imaginación con expresiones espontáneas porque están tan empequeñecidos, que se guardan sus expresiones «para otro día». Tal vez nunca las dejen salir.

Si son líderes de entidades, llevan a las personas a sentir taquicardia al acercarse a su oficina. Prefieren pasar de largo, o dejarlo para «la próxima semana». En la mayoría de los casos, no se dan cuenta de que intimidan y controlan. Son tan obstinados y porfiados que no quieren aceptarlo. Sienten que su comunicación es perfecta tal como está, y no dejan que nadie se meta con ellos para hacerlos pensar lo contrario.

Metidos en la caja de su autoengaño, llegan a pensar que son los demás quienes deben cambiar sus conductas. Pocas veces reconocen su dominación. Se requiere de herramientas especiales de concientización para el cambio de fortalezas comunicacionales que los lleven a cambiar sus paradigmas.

En muchas entidades lo hemos logrado. Después de muchos años en la empresa, algunos de los líderes con perfil de antiefecto intimidante han obtenido un cambio extremo. No solo en la oficina, sino también en su casa.

Pero al analizar la nueva cultura de la comunicación en las empresas, me preocupa ver cómo, cada vez más, los jóvenes ejecutivos comienzan a adquirir el antiefecto intimidante. Aunque no lo tengan en su naturaleza, la cultura organizacional los lleva a pensar de manera equivocada que ser arrogante es «lo que toca». Están convencidos de que, «si no soy así, me hacen daño». Es decir, piensan que las ínfulas de grandeza y el ser petulantes es lo que funciona para ser un ejecutivo de alto nivel.

Por eso las empresas se llenan de funcionarios con el antiefecto intimidante. Cuando se dan cuenta, deben llamar a expertos para que vayan a ayudarles a corregir el esquema comunicacional, hablar de los verdaderos valores, erradicar el antivalor de la prepotencia y comenzar un cambio hacia una nueva cultura de efecto calidez.

Si por herencia y genética usted produce el efecto intimidante, debe saber que no tiene que cargar con él por «tradición». Con un serio ejercicio de inteligencia emocional, que implica concientización, reconocimiento y regulación propia hacia el cambio, puede pasarse al efecto calidez o tranquilidad. Le aseguro que lo llevará por un camino más agradable y feliz. Recibirá de las personas mejores respuestas que las conseguidas hasta ahora con el viejo truco del amedrentamiento, amilanamiento y acoquinamiento.

Tuve un profesor en la universidad que producía el efecto intimidante. Tenía unas cejas muy gruesas y levantaba una de ellas con ademán de braveza cuando lo miraba a uno de frente. El profesor Cabrera. Cuando nos tocaba clase con él, todos corríamos para llegar temprano al aula. Si teníamos que presentarle un examen, estudiábamos el doble, porque era todo un estrés «pasarle a Cabrera».

Un día, cuando tuve que visitarlo en su oficina, me di cuenta de que todo ese efecto intimidante no era más que el resultado de una imagen que nos habíamos hecho de él. Me resultó amable, agradable, sencillo y hasta buena persona. Pero era tan serio, distante y con un físico tan especial, que infundía cierto respeto distante en la gente y de manera particular en los estudiantes. Siempre recordaremos al profesor Cabrera como el más asustador de la facultad, aunque en realidad no lo fuera.

Sería genial que esas personas llegaran al punto de generar respeto, autoridad, contundencia, pero sin intimidar. Es una línea delgada la que divide el respeto de la intimidación. Por eso siempre insisto en que se debe transmitir autoridad y respeto con calidez y amabilidad. Para ello hay que romper los viejos esquemas de la comunicación. Los convencieron de que solo si generaban miedo les creerían. Ese es el prototipo que los conduce a generar el antiefecto intimidante activo.

Antiefecto intimidante pasivo

Quizá una de las conclusiones más relevantes de esta investigación del efecto ha sido la de entender que el antiefecto intimidante no lo producen solo aquellos que dan órdenes con la mirada o ejercen autoridad con su estricta presencia, que levantan la ceja y asustan, como el profesor Cabrera. Creer eso es una equivocación muy común: pensar que el antiefecto intimidante lo producen solo los agresivos, prepotentes, iracundos e intolerantes es una verdad incompleta.

Los pasivos también producen el antiefecto intimidante y a veces puede ser más fuerte. Aunque parezca imperceptible. Porque aquellos que por su perfil intimidan con mansedumbre y pasividad, logran sin gestos, ni gritos, ni miradas penetrantes, que uno se sienta amedrentado, sobrecogido y amilanado, sin saber por qué.

Con el antiefecto activo, usted sabe a qué o a quién se enfrenta. Pero los que pertenecen al grupo de los pasivos, se comunican de manera silenciosa, impávida, casi fría, distante y tan «prudente» que no se meten con nadie para no generar problemas. Su lema favorito para intimidar es: «Nadie se meta conmigo que yo con nadie me meto».

A su alrededor irradian una aparente luz de bondad que distrae y ofusca al otro. Pero es justo esa bondad extrema la que intimida y hace sentir a los demás como miserables malvados, injustos, desequilibrados, ignorantes o ridículos, que no saben comportarse ante la vida. Mientras que ellos no hacen nada. Porque son muy buenos y perfectos.

Llevan el antiefecto intimidante bien puesto, como una coraza rígida y hermética, impenetrable, inconmovible. No los mueve ni la más cálida sonrisa. Son suspicaces y desconfiados, aunque apacibles. Por eso despistan. Si alguien logra descubrirlos, se sienten hasta un poco culpables por llegar a pensar «tan mal» de alguien que se comporta «tan bien». Detéctelo y confróntelo. Así desmitificará esa falsa bondad que tanto le afecta. Ellos también son un tanto maquiavélicos, pero tienen la consigna siguiente: «Confunde y reinarás...».

A la larga, su crítica termina por alejar a las personas de su lado. Se convierten en unos «perfectos» solitarios, con pocos amigos. Generan un cierto sentimiento de inconformidad y negativismo en su zona de influencia, que a nadie le gusta sufrir. La gente que los saluda, los califica como «muy buenas personas» y hasta los admira por su talante de «gente de bien». Pero al final, no quieren formar parte de su equipo, porque les cuesta trabajo sentirse bien al lado de alguien «tan bueno» pero «tan incómodo».

El antiefecto intimidante de los pasivos no asusta, pero espanta. No dan ganas de estar con ellos. Aunque los salude con amabilidad y fina educación, usted preferirá ser amigo y estar cerca de alguno que no lo intimide, sino que le produzca una amigable empatía.

Las personas que producen el antiefecto intimidante, sea activo o pasivo, deben trabajar con ellos mismos por una comunicación más asertiva, un equilibrio entre pasivo y agresivo. No buscar amedrentar a los demás con su frialdad aparentemente inofensiva, sino acogerlos y abrazarlos. Para ello se requiere de un plan personal de trabajo y compromiso serio de cambio, para llegar a valorar a los demás.

Aquí debemos levantar una voz de alerta. No permita que se le confunda el maravilloso efecto calidez con el nefasto antiefecto intimidante pasivo. Si eso le llega a suceder, no entenderá cómo alguien tan «bueno» le puede generar esas reacciones y esos sentimientos tan «malos», negativos y extraños como son el disgusto y la antipatía.

A partir de este análisis del efecto, usted cuenta con más herramientas para empezar a discernir cuándo se trata de un manipulador pasivo, que le complica la vida o de un auténtico efecto confiabilidad.

¡Ánimo amigo! Este es apenas el comienzo. Dominar el tema del efecto y el antiefecto es como aprender a manejar un automóvil. Al principio usted cree que no podrá memorizar tantos cambios, acomodar el espejo retrovisor, coordinar la parqueada en el garaje estrecho, la reversa, las subidas de cuestas empinadas... Pero luego, cuando practique la enseñanza, lo manejará en forma mecánica, sin ningún problema. Conocer el efecto es cuestión de destreza. Practíquelo y disfrútelo. Hasta que lo maneje como quien conduce en una autopista de cinco carriles, con un carro automático. ¡Adelante!

Antiefecto exageración

Siempre he dicho que tanta dulzura suele ser empalagosa. Tanta calidez corre el riesgo de quemar. Tanta originalidad puede pasar al lado de lo excesivo y fuera de tono... Por eso quiero prevenirle con urgencia acerca del fatal antiefecto exageración. *Exageración* se define como: «Dicho, hecho o cosa que traspasa los límites de lo verdadero o lo razonable».[1]

Ante la fobia al antiefecto exageración surgió la tendencia a lo simple. Por eso hoy lo minimalista y sencillo es cada vez más vanguardista y fuerte entre los jóvenes diseñadores de interiores, arquitectos, maquilladores, músicos... Con la máxima de «menos es más», la simplicidad se convierte en sinónimo de elegancia y sobriedad, lo que no puede faltar en el estilo contemporáneo.

El efecto sencillez debe ser por eso, más que una forma de impactar en la comunicación, parte de su propio estilo. Como si fuera una prenda de vestir o de calzar. El antiefecto exageración se opone a este nuevo valor de lo simple. Las personas que cometen a menudo este vicio en la transmisión de sus mensajes, están llamadas a ser como piezas en vías de extinción que se pueden guardar en el museo de las comunicaciones retóricas, jurásicas, fosílicas y arcaicas.

El antiefecto exageración se notará en todo: en una presentación personal recargada, en el *power point* atiborrado de imágenes, en el lenguaje pesado y hasta en los accesorios pretensiosos, fuera de tono. La gente elegante y distinguida es genial. También la que impacta por su estilo original, diferente, auténtico. Pero aquella que quiere llamar la atención con actitudes, posturas, atuendos y mensajes excesivos —que termina por ser petulante—, es insoportable y muy desagradable.

Como siempre, aquí se traza de nuevo una línea muy delgada entre la originalidad y la extravagancia. Conozco a personas con el efecto originalidad, como el maestro pintor español Salvador Dalí, por ejemplo, siempre único y excéntrico, pero no de mal gusto. El antiefecto exageración se relaciona con el mal gusto de una comunicación sobrecargada, que no deja respirar al auditorio con el ruido de sus petulantes excesos y termina por hacer el ridículo. Muy contrario a la excentricidad de buen gusto, que se convierte en tendencia y estilo artístico, innovador y vanguardista.

Exagerar en la comunicación es querer mostrar, aparentar, jactarse y creerse más, a partir de las ponderaciones y los desafueros de mal gusto. Se puede comparar a una pinta (combinación) así: una chaqueta de cuadros grandes con un pantalón de líneas, una corbata con diseño de bolas, unas medias con corazones, un peinado engominado con escarchas de colores y un maquillaje pesado... Todo recargado, sin que nada combine. Esa es la imagen que usted no puede permitirle a su comunicación. Porque entrará matriculado en el antiefecto exageración, que raya con lo ridículo. Elimínelo.

Debe convencerse a sí mismo de que los excesos son feos. Porque el paradigma que conduce a este antiefecto exageración es el de creer que «entre más diga, me ponga o muestre, más impacto causaré».

Con el viejo refrán de «lo que no se exhibe, no se vende», muchos cayeron en la tendencia de tratar de impactar con una demostración exagerada de sus productos o atributos. Eso es una mentira que se creyó como verdad. Bórrela de su disco duro. Por favor, no la deje ni siquiera en la papelera de reciclaje. Elimínela y recuerde: En comunicación asertiva, menos es más. Así de simple.

Antiefecto apatía

La definición de *apatía* es: «Dejadez, falta de interés, vigor o energía. "Su apatía por el trabajo se ha convertido en un grave problema"».[2] También aparece en estas entradas: acedia, apático, atonía, chucha, pasividad, ralentizar, sacar.

¿Se imagina el fatal y mortal antiefecto que puede generar este nefasto síndrome de la apatía? Digo síndrome porque es un mal que parece generalizarse y extenderse como una pandemia en las nuevas generaciones, cansadas de una sociedad en descomposición, de unos hogares disfuncionales, de unos medios de comunicación que solo transmiten noticias desastrosas.

Me llamaron de una prestigiosa universidad en Bogotá para dar una conferencia a los estudiantes de la Facultad de Comunicación Social con serios problemas de apatía. El proceso fue maravilloso. Vencieron a ese gigante que estaba próximo a destruirles la vida, pero además aprendieron que la apatía no es una moda interesante, sino un síndrome peligroso que afea a las personas y les roba todas sus posibilidades de proyectarse como persona de potencial.

Basta con ver a los llamados «Emos» con los grupos de jóvenes que inician con apatía, pero terminan con serios cuadros de depresión crónica y fuertes tendencias al suicidio. Se ha convertido en toda una cultura y una tendencia de los adolescentes.[3] El antiefecto de la apatía no solo bloquea todas las oportunidades y los sueños, sino que transmite a los demás un espíritu de desaliento, frustración, desgano y dejadez tan confuso que afecta a todos alrededor.

Es todo lo contrario al entusiasmo. Es la antítesis de la pasión, la innovación y el coraje. Es su peor PIC. Es el enemigo número uno del emprendimiento. Si se trata de un escenario, nada peor que una persona con apatía. Produce en el público un sentimiento de aburrimiento que hace que no deje de mirar el reloj mientras se pregunta: «¿A qué horas terminará esto?».

La apatía es un repelente fuerte que ahuyenta a las personas alrededor. Pero también es resistente a la alegría, el ánimo, la motivación, el empoderamiento y, por supuesto, a la felicidad. Si una persona se muestra apática con todo, pronto conseguirá que la gente la rechace y prefiera dejarla sola, porque no contará con muchos amigos. A menos que sean otros apáticos de su misma especie que quieran compartir su cuadro depresivo.

El antiefecto de la apatía en un líder de empresa puede hacer que lo destituyan del cargo; por lo general, viene acompañado de orgullo, rebeldía, soberbia, odiosidad y negativismo extremo. Antivalores que pueden dañar todo el ambiente y el clima de una empresa, un hogar o una universidad.

Cuando alguien cuenta con este horrible antiefecto en su perfil personal, debe aplicarse una vacuna antiapática y comenzar a asumir actitudes y posturas de ánimo, emprendimiento, satisfacción, agradecimiento, valoración de las personas, de sí mismo y de todo lo que le rodea.

CAPÍTULO 6

EL VACÍO PROFUNDO DE LA FALTA DE **EFECTO.** ¡ENCUÉNTRELO!

LA FALTA DE EFECTO DEJA VACÍOS GRANDES EN LA COMUNICACIÓN de una persona. Aunque la mayoría viven habituados a un día a día de mensajes planos, aburridos y monótonos, usted no tiene por qué conformarse con pertenecer a ese lado del planeta, sin luz ni vida propia. La gente con el efecto irradia vida, sabor, poder, fuerza, ímpetu, gracia, calidad... y mil adjetivos más con los cuales los podríamos calificar. La falta de efecto deja un vacío de todos esos elementos en la comunicación de una persona o empresa. Si al vacío le aplicamos los antónimos de esa lista de calificativos brillantes, encontraremos: inertes, insípidos, débiles, pusilánimes, mediocres. Es un terrible faltante que no quiero ni pensar.

Bueno, pero si esa es la realidad de su comunicación, por el vacío de la falta de efecto, no la podemos ocultar, sino que la tenemos que enfrentar. Así como no se puede ocultar con un dedo el sol, ni la Torre Eiffel de París, o el Empire State de Nueva York, así mismo los vacíos no se tapan. Se llenan. Porque si trata de taparlos, seguirán en el fondo aunque los recubra con la mejor cobertura.

Eso es lo que vamos a hacer ahora mismo con el efecto que usted transmite. Lo primero que necesitamos es su reconocimiento. Dejar la negación de los faltantes que le produce ese vacío. No solo en cuanto a la comunicación, sino a la vida misma.

Le invito a que realicemos juntos un ejercicio sencillo, pero profundo y muy práctico: Tome una libreta, su iPad o su computadora y escriba una lista de todas aquellas cosas que le generan vacíos en el efecto personal de su comunicación. Sea sincero. Asuma un punto de vista autocrítico bien estricto y comience desde lo más pequeño y simple hasta lo más grande y grave. Luego, lea su lista en voz alta. Comience a analizar punto por punto lo que escribió. Ese será el primer paso hacia la concientización que lo llevará a la transformación.

Lista de faltantes y vacíos personales para alcanzar el efecto deseado

En la lista de sus vacíos personales en cuanto al efecto de su comunicación podrían estar, por ejemplo:

En el fondo me falta:

1. Calidez (fuerza, energía y dinamismo)
2. Convicción en el mensaje (persuasión)
3. Amabilidad
4. Creer en mí mismo
5. Valorar a las personas
6. Originalidad
7. Autenticidad
8. Orden de las ideas
9. Ilación (una idea tras otra)
10. Concreción (hablo mucho y en espiral, no llego a ningún punto)

En la forma me falta:

1. Ánimo en la voz. Entrar con toda. Al centro y adentro. No a un lado arrinconado.
2. Conexión con la mirada. Mirarlos a todos. Sostener la mirada, uno por uno. Enfocar.
3. Expresión corporal. Mostrar una actitud de ganas, entusiasmo y pasión por lo que digo.

4. Sonreír. El rostro erguido y la expresión áspera no impactan a nadie. No se trata de una carcajada permanente o una sonrisa falsa. Una leve sonrisa implícita cambiará todo.
5. Controlar el volumen (muy bajo o muy alto).
6. Corregir la postura.
7. Arreglar la presentación personal (sobrio y sencillo, pero de alto impacto).
8. Manejar bien las manos (utilizar un marco central imaginario para llevar allí las manos. No jugar en forma ansiosa con el papel, la pluma o el mantel).
9. Utilizar pausas prolongadas que me hagan parecer elocuente.
10. Respirar bien. No ahogarme entre frase y frase.

Luego tome día a día cada uno de esos puntos y comience a erradicarlos. Por ejemplo, si escribió en su lista: Falta de empatía con la gente (escuchar), entonces su ejercicio es comenzar a trabajar en ese tema. Estudie qué es empatía. Lea mi tercer libro de la serie «Mentoring para comunicadores inteligentes», *Habilidades de comunicación y escucha.*[1]

Suele decirse que empatía es «ponerse en los zapatos del otro». ¿Qué tal si realiza el doloroso y difícil ejercicio de empezar a identificarse con las personas de su zona de influencia, para comunicarse basado en la necesidad de ellos y no en la propia? ¡Eso cambiará todo el panorama! Además, llenaría de inmediato el primer vacío del efecto suyo.

Cuando haya vencido ese primer renglón de su lista de vacíos, continúe con el segundo. Si colocó en su lista, por ejemplo, prepotencia e intolerancia, entonces ese será el segundo paso a trabajar. Nada peor que el vacío de la rígida soledad que genera la falta de humildad, tolerancia, sencillez y colaboración con otros en el efecto de su comunicación.

Comience hoy mismo, por pequeñas dosis: «Te entiendo», «Estamos de acuerdo», «¿Me doy a entender?», «Si te parece bien...», «Estaré atento a tu solicitud» o «Por favor, dime si necesitas algo más de mi parte». No se imagina cómo empezará a llenar ese hondo y feo vacío ni cómo comenzará a producir el efecto formidable de una comunicación amable y agradable. Recuerde: sin sobreactuar. No se pase al lado del planeta de los empalagosos, que quieren conseguir todo con exceso de halagos y lisonjas.

¡Listo! Marque su segundo punto y siga con el tercero. Si colocó en su lista, por ejemplo, «pánico escénico», comience a trabajar ahora en ese vacío. En mi primer libro de la serie «Mentoring para comunicadores inteligentes» —*Habilidades de comunicación hablada*— destaco este tema del pánico escénico en las presentaciones de alto impacto.[2]

Pero aquí le diré algo nuevo: el vacío que produce el pánico escénico, la falta de seguridad y el temor, generan un efecto mortal en su comunicación. Por eso debe trabajarlo como si fuera el primero de la lista.

Es una mala noticia decirle que el temor al público, o al hablar en medio de una reunión, no se quita nunca... Pero la buena noticia es que usted lo puede trabajar y controlar. No tiene por qué dejarse controlar por el pánico. El miedo bloquea y paraliza. Le hace olvidar todas sus brillantes ideas y perder toda su gracia.

Lista de «tips» para manejar el antiefecto del temor escénico

- Sonría como si fuera el más seguro, aunque le tiemblen las piernas. Cuando diga «buenos días», en la letra «i» ya debe incluir su radiante y esplendorosa sonrisa. Parecerá muy seguro, aunque —aquí entre nos— esté muerto del susto. No se deje engañar por el paradigma de que el susto se le quitará a los quince minutos de haber comenzado. Porque si no inicia con su sonrisa de entrada, los perderá en los primeros quince segundos. Igual para una conversación de pareja o de grupo, o en la mesa del comedor con sus hijos. ¡Sonría! Y si se le olvida, entonces pinte en una hoja una carita feliz y péguela en un lugar visible, para que no se le olvide. ¡Sonría!

- Mire a los ojos, aunque le provoque evadir la mirada del público por el pánico y prefiera mirar para el techo, las luces, las ventanas o al aire, enfoque su mirada primero en una persona y luego, una a una, hasta tenerlos a todos conectados.

- Mantenga la presencia de ánimo en la voz, desde el primer segundo hasta el último. No se debilite mostrando su fuerza interior. No le dé pena ni vergüenza entrar a la escena con todo su ánimo. Porque si no lo hace, se sentirá y se verá flojo y empequeñecido. ¡Entre con toda! Claro, recuerde que es con dominio propio. No se exceda, porque producirá el efecto contrario a la saturación y puede ser letal.

- Controle el volumen. No deje que el susto le haga bajar los decibeles de su mensaje. El volumen de su voz lo puede controlar, así como se controla el de su televisor. Imagínese el control de su televisor y piense en las líneas de volumen que van de 0 a 100. Luego inicie unos ejercicios para llevar su volumen a la línea del 50. Ese es su volumen para hablar en un escenario. Desde el principio, hasta el final.
- Asuma una actitud con pasión y coraje, no con timidez y cobardía.

Bueno, le podría dar una lista más amplia. Pero creo que si logramos trabajar primero esas cinco, será suficiente para comenzar a llenar ese vacío tan tenaz que tiene en el efecto de su comunicación.

Empiece por pequeños escenarios: con el portero de su edificio o el conductor de un taxi. Con el profesor de la universidad. Con sus amigos en el café... Y luego aplíquelo a los espacios de presentaciones en la oficina y en la empresa. Verá que cuando le toque un gran escenario, como un auditorio de cien a quinientas personas, ya sabrá cómo generar el efecto sin pánico ni temores. Ese gigante se puede vencer. Aunque muchos digan lo contrario.

Pero, por ahora, tenga claro algo: nada afecta más al efecto que el temor y el pánico escénico, porque además le bloquea y le paraliza. No fuimos creados para ser cobardes, sino para ser comunicadores asertivos. Empoderados para vencer el miedo con el espíritu de los mejores oradores: poder, amor y dominio propio.

CAPÍTULO 7

EL **EFECTO** NO ES CARISMA, ES ESENCIA PERSONAL. ¡ENFÓQUELO!

PREPÁRESE PARA EL ANÁLISIS DE LOS EFECTOS ESPECIALES DE algunos de los líderes universales y contemporáneos más influyentes. Los veremos en el capítulo 10 de este libro. Pero antes de llegar allá, es necesario aclarar un punto importante: el efecto no lo genera el carisma, ni la capacidad de ser un «showman». O, como dicen los jóvenes ahora, un «showcero».

Porque el efecto no es carisma, entendido aquí el carisma como una gracia personal natural con la que la persona nace y todo el mundo conoce. Tampoco es una habilidad histriónica de ser bueno para actuar y convencer en el auditorio. El efecto, más que carisma natural o actuación protagónica, es pura esencia personal. Quiere decir que proviene del ser interior de la persona, no de la personalidad externa que refleja. No surge de su carácter, ni de su temperamento, ni de su personalidad. Es parte de su diseño personal. Pero no es un don gratuito, es su estructura. Porque a Dios le plació, como arquitecto, darle a usted ese diferencial.

Conozco gente sin carisma que causa un efecto impresionante. Conozco a otros con tremendo carisma que causan el efecto de hacer reír, entretener o pasar un rato agradable a las personas que le rodean. Siempre los distinguen por esa gracia especial que poseen y que los muestra como personas muy simpáticas y divertidas.

El efecto se relaciona con la marca de una persona. Con su sello. Con la huella poderosa que puede dejar en otros. No quiero dejar pasar estas páginas sin aclarar el verdadero propósito del efecto en una persona. El efecto es mucho más que habilidades de comunicación. Mucho más que carisma para simpatizar a otros y, por supuesto, mucho más que apariencia personal. Aunque el efecto las incluye a todas, esas no son las razones por las que una persona cuenta con impacto en su zona de influencia. Porque muchas veces he visto cómo personas que logran agradar a otros de manera fascinante, pronto pasan al archivo de carpetas olvidadas.

Claro, es innegable que si una persona cuenta con carisma natural y además ha desarrollado bien sus habilidades comunicacionales para hablar en público, escribir y realizar procesos de escucha dinámica, es obvio que cuenta con herramientas mucho más eficaces para la vida. Pero lo que quiero decir es que esas habilidades en sí mismas no constituyen el efecto; es más, tenerlas no basta para producirlo.

El efecto es poderoso, contundente, imborrable, no se cae, deja una impresión indefectible y no se olvida jamás. Porque las comunicaciones y el mensaje de quien lo posee son mucho mejores que un show pasajero o que una diatriba emocional que inyecta felicidad momentánea, pero luego se esfuma en la memoria de la gente.

Una de las cosas que más perduran de una persona en la memoria y la imagen de otros es el efecto. Puede que se le olvide el contenido de lo que dijeron, que no recuerde ni el título de su mensaje, pero el impacto que le dejó se le quedará como una marca en el corazón y en la memoria.

Según escuelas filosóficas griegas como la de Aristóteles, existe una diferencia entre accidente y esencia. Accidente es «lo que le corresponde a algo en forma contingente, por no estar comprendido en su esencia, aquello que le pertenece a un ser, de tal modo que lo puede perder sin llegar a aniquilarse». Esencia, por otra parte, «es lo que tienen los seres concretos de estable e inteligible; la naturaleza o rasgos que hacen de algo lo que es y no otra cosa».[1]

Frente a los accidentes..., la esencia designa el *rasgo —o rasgos—* *que le conviene a algo necesariamente* y que no puede perder más que aniquilándose y dejando de ser. Así en la esencia de hombre está el ser racional como uno de sus constitutivos fundamentales pero no el ser blanco o negro, alto o bajo, que son rasgos accidentales y por tanto accesorios. Respondemos a la pregunta «¿qué es algo?» con la referencia a su esencia.[2]

Es decir, que la esencia de una persona es la que produce su efecto. Lo que lo define como ser.

CAPÍTULO 8

EMPODERAMIENTO PERSONAL Y **EFECTO.** ¡POTENCIALÍCELO!

EL EFECTO CONDUCE A LAS PERSONAS A UN RESULTADO MAYOR.
Pero para lograrlo, es necesario un proceso de empoderamiento que les ayude a desarrollar sus fortalezas y a trabajar sus debilidades. Puede ser en el área económica, política, social o personal. Siempre con el propósito de generar transformación y cambios positivos que consoliden su autoestima y su seguridad.

El empoderamiento es un concepto que incluye áreas de la conducta y del pensamiento. Por eso encuentra mucho énfasis en la motivación. Se inició en la década de los años sesenta con la educación popular de Paulo Freire, que se refería al desarrollo humano de los sectores más vulnerables y desprotegidos.[1]

Por eso se aplicó en los años ochenta al género femenino, en organismos internacionales como las Naciones Unidas y el Banco Mundial. Hoy en día se aplica con mucho éxito en el campo empresarial y corporativo en el desarrollo de competencias del liderazgo.

El empoderamiento se refiere a la capacidad de tomar decisiones y ejercer control sobre la vida personal, con mayor influencia sobre la calidad de vida. Por eso las personas marginadas, que dependen de la ayuda humanitaria de otros, pierden la seguridad al sentirse incapaces de sostenerse. Por ello necesitan ser empoderadas.

El proceso de empoderamiento:

- Poder de decisión propio.
- Acceso a la información y los recursos para tomar una decisión apropiada.
- Opciones de donde escoger.
- Asertividad en toma de decisiones colectivas.
- Pensar en forma positiva y aceptar los cambios.
- Aprender a mejorar su propio poder personal o grupal.
- Mejorar su autoimagen y superar la estigmatización.
- Iniciar procesos de mejoramiento continuo.[2]

Pasos para llegar al efecto con empoderamiento

1. Decida empoderar su efecto

Sin duda, el efecto es una maravilla con la que nacemos en esencia. Pero luego hay que decidir ser empoderado y perfeccionado. Porque, aunque sea parte del diseño y del propósito de su vida, necesita ser cultivado, trabajado y multiplicado con fidelidad.

Los que se conforman con el efecto que ya producen —y hasta se jactan de producirlo con frases como: «Así soy y así me quedo», con cierto tono desafiante—, necesitan con urgencia conectarse de manera directa con la realidad de su propio antiefecto.

Si lo trabaja día a día, su efecto puede llevarle por la ruta de la comunicación inteligente. Sin duda le conducirá a espacios que jamás imaginó y le ayudará a cumplir sus sueños de influencia. Así sobrepasará de manera exponencial sus propias expectativas.

2. Crea que su efecto cuenta

Lograr el empoderamiento de su efecto solo será posible si usted mismo cree en él. Es necesario que lo abrace y lo anhele como parte de su éxito. Porque no viene por sí solo. Por eso debe convencerse de que su efecto cuenta. Valorarlo, dinamizarlo y sensibilizarlo, necesita aplicar una alta dosis de su propia voluntad.

El primer requisito para empoderarlo a usted, es usted mismo. Ríndase a esa realidad y conseguirá un efecto inimaginable. Pero, por desdicha, muchas veces el peor enemigo del empoderamiento del efecto es uno mismo.

La terquedad, obstinación, orgullo, soberbia, necedad... no permiten ver más allá de la realidad de lo que uno causa a los demás. Por eso preferimos quedarnos como estamos que dar paso a ser empoderados.

Gracias a Dios, en este largo, duro, fuerte y pesado camino hacia el progreso, podemos deshacernos de un montón de personajes a nuestro alrededor, amigos y enemigos, que nos susurran al oído cosas como: desiste, no es posible, déjalo para después, mejor dedícate a otra cosa, tú no puedes, no tienes con qué, lo mejor es que descanses, morirás en el intento, te falta mucho para llegar hasta allá, mejor desiste... y otras mil cosas más.

Necesita que le acompañen la pasión y el coraje. Coraje para no desistir. Además, algunos buenos consejeros: fidelidad a prueba de fuego, perseverancia continua, esperanza resplandeciente, obediencia dolorosa, alegría reanimante, paz permanente, amor sincero, confianza leonina.

Siga hacia adelante como el fabuloso personaje de *El progreso del peregrino*[3] en el archifamoso libro del escritor inglés John Bunyan, que fue escrito hace tres siglos y aún sigue vigente, como uno de los libros más vendidos de la historia, después de la Biblia. Es una obra literaria clásica traducida a más de cien idiomas. Una de esas obras maestras que le marcarán para siempre. Fue llevada a la pantalla y se encuentra en YouTube en varias versiones. Desde las más antiguas hasta las modernas. Se la recomiendo. Lo empoderará para continuar en el camino, sin desistir, y con un destino seguro.

3. Privilegie la autenticidad

La mejor forma de empoderamiento personal es lograr la conexión interior con su propio estilo. Ser original, genuino, sincero y sencillo. No intente generar un efecto poderoso sin antes haber pasado por el filtro de la autenticidad.

Una pieza es legítima cuando no ha sido contaminada ni se ha ensuciado con otras obras ficticias. Así debe ser: auténtico. Aunque reconozco que cuesta mucho lograrlo, porque por lo general, nos hemos habituado a movernos sobre el falso paradigma de que ser como el otro es mucho mejor que ser como yo mismo soy.

De tal manera que para alcanzar el efecto puro y real debe privilegiar, por encima de todo, su autenticidad. Solo los que consiguen mostrarse a sí mismos tal cual son, consiguen este maravilloso impacto en los demás. Puede que le cueste. Incluso que le llegue a causar problemas frente a los celos de los demás, pero créame, vale la pena.

Solo las obras maestras son auténticas. Las demás son copias baratas o piezas de imitación. Por más de que logre buenas reproducciones del efecto de otros, no pasarán de ser más que eso: copias, falsificaciones, plagios, calcos, duplicados y piezas baratas. De verdad, creo que usted no necesita convertirse en una copia pirata. Usted es un interesante original. Para ello, no lo olvide, debe inmunizar —por encima de todo— su autenticidad.

Ser auténtico incluye valorarse a sí mismo. Amar sus raíces. Creer en sus antecedentes. No importa si no son lo más halagador o fascinante. He visto personas que llegan lejos con su efecto y, por lo general, hablan de sí mismos con desparpajo absoluto. Cuentan su historia con sencillez y seguridad, al punto de generar en los demás admiración.

A la gente no le interesa cuál es su historia, lo que le importa es que la proyecte y la cuente con genuina naturalidad y sin reservas. La autenticidad es ser realmente uno mismo y del todo en cada situación. Una persona auténtica es fiel a sus orígenes y convicciones.

El empoderamiento empresarial y la gestión humana

El concepto de empoderamiento ha incursionado con mucha fuerza, incluso en el mundo de la gestión del talento humano, a nivel empresarial. He sido testigo fiel, en la última década, del valor que las más grandes corporaciones de habla hispana en Latinoamérica, Estados Unidos y Europa le han dado al asunto de empoderar a sus funcionarios.

Al empoderar a sus empleados y desarrollar el talento de su equipo humano, las entidades no solo consiguen el mejoramiento continuo de los individuos en su vida personal, sino que, como resultado obvio, son mucho más rentables.

Por ejemplo, los procesos de empoderamiento de la competencia comunicacional en la alta gerencia de una empresa, les permite a los líderes ser mucho más eficientes en la transmisión de sus mensajes hablados y escritos, y los convierte en mejores personas, más seguros, asertivos, persuasivos y de alto impacto. Les sirve no solo para sus puestos de trabajo, sino para la vida misma.

El empoderamiento que les brinda la empresa a través de las nuevas oportunidades en su área de gestión humana, lo proyectan en sus familias, con sus esposas e hijos. Y en el futuro, será un beneficio para sus nietos.

De esa manera, al final se construye una sociedad y un país mejores. Todo eso se conecta y se alinea con mi objetivo personal como mentora y consultora empresarial: construir una cultura comunicacional asertiva en mi país y el exterior.

El mayor beneficio, la inversión inteligente del empoderamiento, es para la entidad. Consigue impulsar su negocio con los procesos comunicacionales más eficaces de su valiosa gente y sus equipos de trabajo. El empoderamiento de las personas redunda en el alto rendimiento y, por consiguiente, en la alta rentabilidad de una compañía.

Además, por medio de procesos de entrenamiento y capacitación, los líderes y funcionarios de las organizaciones se vuelven más emprendedores y crecen en su capacidad de decisión. De esta manera se descentralizan las oportunidades.

Sin duda, uno de los aspectos más relevantes del empoderamiento es el desarrollo de las habilidades comunicacionales como competencia definitiva que atraviesa a todas las demás del liderazgo. El empoderamiento fomenta las capacidades en todas las direcciones, a la vez que aplana la estructura jerárquica y la hace más eficaz y menos burocrática.[4]

El conocimiento y la capacitación son poder. Fomentan la competitividad de los mercados. ¿Cómo podría sobrevivir una compañía sin el empoderamiento de su personal? Las empresas que no lo logran, están destinadas a desaparecer. Una población entera puede ser destruida por falta de conocimiento. Dar programas de aprendizaje es dar herramientas para la vida. Por eso las nuevas técnicas de gestión del talento incluyen el empoderamiento de su recurso humano o de su gestión humana. Y de todas las áreas del empoderamiento, la de la comunicación es la más necesaria y prioritaria.

¿Cómo trabaja el proceso de empoderamiento?

El empoderamiento es un proceso multidimensional de carácter social en el que el liderazgo, la comunicación y los grupos autodirigidos reemplazan la estructura piramidal mecanicista por una más horizontal. Permite la participación de todos y cada uno de los individuos dentro de un sistema que forma parte activa del control del mismo con el fin de fomentar la riqueza y el potencial del capital humano. Luego se verá reflejado no solo en el individuo, sino también en la comunidad donde se desempeña.[5]

Tipos de empoderamiento

Se habla de dos tipos de empoderamiento: el estructural y el psicológico. El estructural está centrado en las condiciones en el ambiente de trabajo, como: variedad, autonomía, carga laboral, soporte de la organización y posición dentro de la empresa. Constituye las características estructurales del empleo.[6] Las variaciones de dichas condiciones se traducen en una forma de satisfacción laboral, pero dejan a un lado la percepción que el trabajador tiene de dichas variaciones en las condiciones ambientales.

El psicológico abre campo al empoderamiento definido como la interpretación mental de cada individuo en cuanto a los cambios estructurales del ambiente de trabajo.[7]

Dichas interpretaciones generan cuatro dimensiones:[8]

- El significado que supone una congruencia entre las creencias de un empleado, sus valores, sus conductas y los requerimientos del empleo.
- La competencia: se refiere a las habilidades para el desempeño del empleo.
- La autodeterminación: se refiere a los sentimientos de control sobre el trabajo.
- El impacto: se define como la capacidad para influenciar importantes resultados en conjunto con la organización.

La idea general del empoderamiento es la complementación de los dos tipos ya que para analizar el proceso se necesita saber si existen o no condiciones favorables para un ambiente empoderado y además la forma como los empleados perciben dichas condiciones.

Este proceso de empoderamiento inicia estimulando el liderazgo de los mandos intermedios de la organización para que cumplan el papel de guías para alcanzar los objetivos de la empresa y no como supervisores del cumplimiento de los mismos.[9]

Se debe compartir la información con todos los empleados para aprovechar al máximo el capital humano y permitirles entender la situación actual en términos claros, crear confianza en toda la organización, acabar con el modo de pensar jerárquico tradicional, ayudar a las personas a ser más responsables y a su vez estimularlos para actuar como si fueran dueñas de la empresa.

Después de cumplir con la anterior etapa, se comienza a generar la autonomía mediante fronteras. En este paso los trabajadores se basan en la información compartida para tomar sus propias decisiones sin perder de vista la misión y la visión de la empresa. Con la retroalimentación de ellos mismos y el trazo de sus metas específicas para cumplir con su papel. Finalmente, la organización debe reemplazar la jerarquía piramidal con equipos autodirigidos que gozan de cierta autonomía. Para esto, todos deben ser entrenados con destrezas de equipo y recibir el compromiso y el apoyo de la gerencia.

CAPÍTULO 9

DIAGNÓSTICO DE OCHO LÍDERES MUNDIALES CON **EFECTOS** ESPECIALES. ¡ANALÍCELOS!

CADA UNO DE ELLOS HA GENERADO UN IMPACTO ESPECIAL EN la historia, ha impresionado al mundo con su estilo único e irrepetible. Son modelos de impacto por el efecto que causan con su mensaje y por su postura ante la vida y la gente. Por ese «algo» que los hace célebres e inolvidables para la humanidad, más allá de sus conocimientos y talentos. Aclaro que este análisis es puramente comunicacional. No se refiere a partidos políticos o denominaciones religiosas. Nos enfocaremos en su capacidad de generar un efecto especial, por la forma particular de comunicarse e influenciar.

Este es el diagnóstico del efecto que han producido ocho líderes famosos en diferentes campos de influencia:

1. El efecto realismo mágico: Gabriel García Márquez
2. El efecto innovación: Steve Jobs
3. El efecto profesionalismo: Patricia Janiot
4. El efecto sublime: Juan Luis Guerra
5. El efecto rigor: Margaret Thatcher
6. El efecto dignidad: Martin Luther King
7. El efecto abnegación: Teresa de Calcuta
8. El efecto impacto: Billy Graham

Entre más buceo en el profundo océano del efecto y las diferentes formas de impacto que causan las personas, más interés me produce analizar este tema. Me apasiona estudiar el resultado de la comunicación de cada uno de los líderes sociales, políticos, religiosos, deportivos o de los medios de comunicación, a nivel global.

Le garantizo que, después de descubrir y concientizar su propio efecto, se le convertirá en una deliciosa experiencia analizar el efecto que causan las celebridades. Será un ejercicio imposible de abandonar. Verá a cada famoso y disfrutará seguir su efecto como referente.

Le daré unas pautas para analizar el efecto en cada uno de los líderes que más me han impactado e interesado, por la forma en que ejercen una particular influencia en las noticias y en el comportamiento de la economía, las finanzas, el deporte, la música y la política de los países a nivel mundial.

Sugerencias para identificar el efecto

Le daré aquí algunas sugerencias para identificar el efecto en un líder o persona de influencia. Antes de cualquier análisis, comience por averiguar todo sobre sus antecedentes: el lugar donde nació, la época, su cultura, costumbres, ambiente familiar, forma de pensar de sus ancestros, gustos musicales, pasatiempos, frases célebres, todo. A partir de allí, comience a analizar el fondo de su mensaje y la forma de transmitirlo. Su comunicación verbal y no verbal. La expresión oral. El lenguaje corporal. Observe sus fortalezas y debilidades, qué cosas le faltan y cuáles son sus mayores atributos.

Por último, mida su nivel de impacto en la gente. No es solo por sus habilidades, tampoco por sus conceptos filosóficos, sino por su capacidad de proyección y conexión con el público que se conoce el efecto y la capacidad de influencia. Cuando aprenda a distinguir el efecto de los grandes podrá continuar su ejercicio con una buena clasificación de ellos. Abra una nueva carpeta en su computador llamada «el efecto» y comience a archivar los diagnósticos de las figuras públicas que mayor atracción le producen. Para ello, le sugiero que le dé nombre propio a cada uno.

Tomaremos aquí un grupo de líderes influyentes contemporáneos, de esa manera iniciaremos nuestra colección de efectos especiales. Empezaremos la selección y el análisis de cada uno de ellos con la observación de los datos reunidos, analizaremos su perfil, su poder de persuasión y concluiremos con las veinte frases con las que han dejado huella. La selección de estos líderes se basa en la empatía que han logrado en la gente y en el efecto de su estilo de vida sobre la comunidad internacional.

1. El efecto realismo mágico: Gabriel García Márquez

Perfil

Gabriel García Márquez es hijo de Gabriel Eligio García y de Luisa Santiaga Márquez Iguarán. Nació en Aracataca, Magdalena, Colombia.

Cursó sus estudios secundarios en San José a partir de 1940 y finalizó su bachillerato en el Colegio Liceo de Zipaquirá, el 12 de diciembre de 1946. Se matriculó en la Facultad de Derecho de la Universidad Nacional de Cartagena el 25 de febrero de 1947, aunque sin mostrar excesivo interés por los estudios. Su amistad con el médico y escritor Manuel Zapata Olivella le permitió acceder al periodismo. Inmediatamente después del «Bogotazo» (el asesinato del dirigente liberal Jorge Eliécer Gaitán en Bogotá), las posteriores manifestaciones y la brutal represión de las mismas, comenzaron sus colaboraciones en el periódico liberal *El universal*.

García Márquez contrajo matrimonio en Barranquilla en 1958 con Mercedes Barcha, la hija de un boticario. En 1959 tuvieron a su primer hijo, Rodrigo, que se convirtió en cineasta. Tres años después nació su segundo hijo, Gonzalo, diseñador gráfico en Ciudad de México.

A los veintisiete años publicó su primera novela, *La hojarasca*, en la que ya apuntaba los rasgos más característicos de su obra de ficción, llena de desbordante fantasía.

Sin duda, el éxito mundial del Nobel colombiano comienza con toda su fuerza con la publicación de su obra cumbre, *Cien años de soledad*, en el año 1967. Fue tal el impacto que vendió casi diez mil copias en las primeras semanas de publicarse.

Esta novela, de las mariposas amarillas y Mauricio Babilonia, describe las vidas en un lugar imaginario llamado Macondo, una población fantástica del Caribe colombiano. En realidad es la tierra natal de Márquez: Aracataca, en el departamento de El Magdalena, Colombia. Es el mismo pueblo costeño donde nació mi padre, Gonzalo González, en una casa vecina a la del Nobel.

Cien años de soledad llegó a vender una nueva edición semanal y más de medio millón de copias en tres años. La tradujeron a veinticinco idiomas y se ganó todos los premios internacionales de literatura. Fue nombrado el mejor libro del año en Italia, Francia y Estados Unidos en 1970.

García Márquez ha recibido numerosos premios, distinciones y homenajes por sus obras. El mayor de todos ellos, el Premio Nobel de Literatura en 1982. Según la Academia Sueca, «por sus novelas e historias cortas, en las que lo fantástico y lo real son combinados en un tranquilo mundo de imaginación rica, reflejando la vida y los conflictos de un continente».[1]

Se le llama «realismo mágico» al efecto que causa nuestro Premio Nobel de Literatura colombiano, Gabriel García Márquez, maestro de las letras en Latinoamérica, y ha marcado al mundo entero en todos los idiomas. Nadie, ni antes ni después de él, ha logrado describir con tanta autenticidad y fantasía la realidad de su región caribeña natal.

Nació en la población de Aracataca, en la costa colombiana, cerca de Barranquilla. La tierra donde también nació mi papá, Gonzalo González Fernández, su primo, amigo y compañero en el diario *El espectador* de Bogotá, Colombia. Es magistral la forma como, en su insigne novela *Cien años de soledad*, García Márquez convirtió ese caluroso, pequeño y olvidado pueblo en el fantástico lugar literario que hoy es «Macondo».

Todos los premios Nobel de Literatura lo declaran su autor vivo más admirado y una de sus principales influencias. Ningún otro novelista hispano ha trascendido tanto como él. Ha sido reconocido por todos. Cuando Doris Lessing ganó el Premio Nobel en 2007, dijo que lo mejor de haberlo recibido fue la llamada de felicitación de García Márquez.

Es el novelista en español que ha alcanzado mayor efecto e influencia. La presencia de América Latina en todos los continentes se asocia siempre con su obra y su firma de autor. Más allá de la literatura, Gabo es una figura emblemática. Es el escritor en español más admirado por los novelistas de todo el mundo. Después de Cervantes, ningún otro autor hispano ha alcanzado un efecto de este nivel. Hoy el efecto realismo mágico de Gabo es todo un estilo y una tendencia de las nuevas generaciones de novelistas y escritores que, como yo, lo admiramos tanto y tratamos de seguir sus huellas en la técnica y en la manera única y grandiosa de escribir.

Pero el fascinante hijo del telegrafista de Aracataca, el hombre de obras como *El coronel no tiene quien le escriba*, *La triste historia de la cándida Eréndira y su abuela desalmada*, *El amor en los tiempos del cólera*, *Crónica de una muerte anunciada*, *La hojarasca*... Es más que un Nobel, un personaje con efecto único, exclusivo y fascinante, que no solo deleita al leerlo. Cuenta también con la capacidad de llevarlo a uno a disfrutar cualquier cosa que habla. Tanto, que a veces no se sabe si es mejor leerlo o escucharlo.

Los que nacimos en Colombia, con el privilegio de vivirlo de cerca con sus frases célebres, nos hemos visto de alguna manera influenciados por este genio de las letras y el Premio Nobel con mayor efecto en la historia de la literatura hispanoamericana. También los que vivimos en el mundo del periodismo y que siempre lo seguimos como un modelo ejemplar de la crónica. Aun más, los que crecimos con el gusto de encontrarse con él y su prudente esposa guajira, Mercedes Barcha, en las inolvidables reuniones de amigos y familiares en Bogotá. Parrandas con acordeones vallenatos, piano, guitarras y tamboras de cumbia. Cada reunión era un derroche de alegría y genialidad caribeña desbordada.

Fue inolvidable ver en mi niñez y adolescencia a todos esos grandes periodistas y amigos cantar y bailar con el sabor costeño y la capacidad única de la gente costeña de disfrutar las notas de un piano con tanto son: «Mamá yo quiero saber, de dónde son los cantantes» o el «Cochero, pare» al compás de las claves y los timbales. Cuando mi papá tomaba la guitarra, todos lo seguían con el coro de «Se va el caimán» o cualquier otro tema sabroso. García Márquez se gozaba en esas fiestas de vallenato y bolero, con esa capacidad única que identifica a los costeños, tan alegres pero tan melancólicos a la vez.

Era genial verlo en Bogotá, en aquellas épocas de celebraciones setenteras, con su traje de paño a cuadros, su *jean*, su pañuelo de seda, su cabello rizado y su bigote bien puesto, mezcla de fina influencia «cachaca» —así le dicen en la región Caribe a los del interior de Colombia—, con cálida pinta de costeño intelectual y distinguido.

Aunque su mejor efecto lo logra ahora, después de los ochenta años, en los grandes eventos de Cartagena como el Festival de Cine o el Festival de Literatura, en los que aparece como invitado de honor con sus discursos de peso pesado de las ligas literarias y su liviana guayabera blanca con que viste de gala el escenario.

Es impresionante. Cualquier frase que Gabo diga es ilustre y célebre. Logra un efecto en la gente inconfundible. Con su ingenio y delicioso humor, cada oración que pronuncia es una enseñanza magistral para la vida. Como el día memorable de 1982, cuando apareció en la escena de la entrega del Premio Nobel.

El biógrafo Gerald Martin, que escribió la biografía de Gabriel García Márquez, llamada *Una vida*, respondió en una entrevista realizada por Alejandro Bruzual de la Universidad de Pittsburg, en la revista *A contracorriente*, un retrato de Gabo que describe muy bien su particular efecto:

> García Márquez es muy juguetón. Cuando lo encontré en Colombia por primera vez, me dijo que se alegraba mucho porque ahora que el pobre investigador inglés se estaba enredando en las realidades mágicas de la Colombia tropical, era evidente que se iba a extraviar y que nunca, nunca, nunca iba a poder terminar su trabajo. Otra estrategia suya era intimidarme amenazando con que iba a escribir una novela sobre ese mismo inglés extraviado que se engañaba con la idea de escribir la biografía de un gran escritor cuando lo que pasó en realidad fue que el gran escritor terminó escribiendo la biografía del supuesto biógrafo. Un laberinto de espejos borgiano, ¿verdad? Finalmente me dedicó un libro suyo con el siguiente mensaje: «A Gerald Martin, el loco que me persigue». Parte de mi respuesta a la situación en que me encuentro es que pienso escribir dos o tres libros sobre mis experiencias personales al ir investigando y escribiendo el libro, por una parte, y sobre lo que dichas experiencias pueden significar para una teoría de la biografía.[2]

Por mi parte, no pretendo escribir de Gabo una magistral biografía como la de Martin. Sí quiero contar acerca de su influencia e impacto personal, con este estudio, que tal vez sirva para inspirar un poco más hacia el efecto de este grande de las letras.

La última vez que lo vi personalmente fue el 16 de octubre de 2012, en su casa de México, el día en el que celebraba Colombia y el mundo entero los treinta años del Premio Nobel.

El impacto de esa visita lo llevo grabado como uno de los momentos más hermosos de mi carrera como escritora pero sobretodo, como honor de familia. Es un privilegio que «Gabo» sea parte de este legado de escritores e intelectuales que llevo en la sangre. Lo aprendí a amar y admirar desde niña, más que a cualquier ciudadano colombiano o latino.

El día que lo visité en su hermosa casa en Ciudad de México, me atendió su esposa Mercedes Barcha, una bella y enigmática costeña que ha sido el motor de su vida y la razón por la cual el éxito del Nobel ha sido asegurado. Le llevé unas hermosas rosas color salmón y una encomienda de panelitas de dulce de leche de la prima común, Margarita Márquez, su eficiente y distinguida representante en Colombia.

Miramos las fotos de sus cinco nietos, el cuadro con autoretrato de Alejandro Obregón, la foto de Hernán Díaz a la linda pareja sonriente y enamorada, el video en YouTube de la última producción cinematográfica de Rodrigo García Márquez que Mercedes me mostró con orgullo de mamá.

Observé las mesas llenas de libros en versión de lujo muy bien organizados, los recipientes de plata tallada, los sillones blancos impecables y deliciosos, el jardín bien cuidado. Pero lo que más sentí fue la presencia latente de la intelectualidad caribe, con un tono, color y olor particular, que solo producen los que conocen «el olor de la guayaba».

Con su sonrisa impecable y sus ochenta y cinco años bien puestos, el primo Nobel me firmó el libro de las memorias: «Para Sonia, socia del corazón, con todo el cariño del autor de este libro, y todo el cariño de Gabriel».

Después de sentidos abrazos de esa explosión de afecto y admiración, con delicioso tono familiar, regresé a Bogotá con la imagen imborrable de un «Gabo» cercano y cariñoso que, desde la puerta de su preciosa casa, me enviaba besos de padre. El efecto de ese día trae a mi mente el título de sus memorias: ¡*Vivir para contarla*!

En el año 2001 lo visité también en su casa, porque viajé a una conferencia internacional en Ciudad de México, con la entidad World Vision International, de la cual fui directora de comunicaciones en Colombia y luego asesora para Latinoamérica y el Caribe. El efecto que dejó aquella tarde en mi memoria es imborrable. Todas las cosas que aprendí de él desde niña y que se convirtieron en «claves de Gabo» para incluir en mi repertorio de capacitación en universidades y empresas. Frases como: «El oficio de escribir es el único que se vuelve más difícil entre más se practica».

Como en este texto, tomado de Sara Facio, Alicia D'Amico, *Retratos y autorretratos*, donde Gabo dice:

> Soy escritor por timidez. Mi verdadera vocación es la de prestidigitador, pero me ofusco tanto tratando de hacer un truco, que he tenido que refugiarme en la soledad de la literatura. Ambas actividades,

en todo caso, conducen a lo único que me ha interesado desde niño: que mis amigos me quieran más.

En mi caso el ser escritor es un mérito descomunal, porque soy muy bruto para escribir. He tenido que someterme a una disciplina atroz para terminar media página en ocho horas de trabajo; peleo a trompadas con cada palabra y casi siempre es ella quien sale ganando, pero soy tan testarudo que he logrado publicar cinco libros en veinte años. El sexto, que estoy escribiendo, va más despacio que los otros, porque entre los acreedores y una neuralgia me quedan muy pocas horas libres.[3]

Es de verdad fascinante leerlo. Pero mucho mejor escucharlo. Porque él es, más que un escritor, un personaje con efecto sin igual.

Aquella tarde en su casa, tenía los pies sobre la mesa, con unos zapatos de gamuza negra muy fina, que llevaban grabado un escudo dorado, muy al estilo inglés. Con sus gafas enormes y su pelo rizado ahora platinado, Gabo se sentó en su mejor sillón a escribirme una dedicatoria sobre las primeras páginas de su obra maestra: *Cien años de soledad*.

Me miró sonriente y comenzó a escribirla, tan concentrado como si se tratara del párrafo de entrada de uno de sus mejores cuentos. Escribía despacio, con pulso de hombre inteligente. De pronto cerró el libro y me lo entregó con cara de satisfacción por lo que había logrado. No se imagina mi felicidad con ese bellísimo autógrafo, que dejó en mí un efecto para la posteridad y que fue prefacio de mi libro *Habilidades de comunicación escrita*.[4]

Gabo escribió allí, en la primera página de su propio libro: «Para Sonia Mabel, en su casa de México, con 365 llaves y una flor». Insuperable. Magistral. Aún me pregunto cómo puede hacer de una simple dedicatoria una pieza maestra y dejar un efecto tan mágico. Cuando me vio con los ojos aguados y el rostro iluminado por la emoción, me explicó por qué había pintado una flor alargada y estilizada al lado de la firma de autor. Me dijo con su acento costeñísimo que nunca se mejicanizó: «William Faulkner pintaba mariposas».

Ese detalle de la flor me llamó demasiado la atención, porque no sé si por pura información genética, o por simple casualidad, desde hace años cada vez que firmo un libro o escribo cualquier mensaje a mis hijos en un papel sobre la nevera, pinto una flor muy parecida. Hoy las pinto en las dedicatorias de mis libros.

Recuerdo que ese día, en su casa de México, estaba lleno de flores, porque además de la que Gabo me pintó y dedicó, yo le había llevado a Mercedes de regalo un ramo de rosas. Además, ella había adornado su casa con lindas materas, con unas plantas de colores aztecas fascinantes.

Me parecía un sueño cumplido poder visitarlo y conversar con el Nobel en su hermosa casa de México. Me llevó al lugar donde escribe: un cuarto aparte de la casa, detrás de un patio grande, parecido a los de las viejas casonas elegantes del barrio El Prado, en Barranquilla. Siempre llevo conmigo la flor dibujada y las 365 llaves que me entregó Gabo. Me han abierto grandes puertas, porque son llaves maestras.

Veinte frases del efecto realismo mágico de García Márquez:

1. Hay que ser infiel, pero nunca desleal.
2. Me desconcierta tanto pensar que Dios existe como que no existe.
3. No llores porque ya se terminó... sonríe, porque sucedió.
4. El amor es tan importante como la comida. Pero no alimenta.
5. Solo porque alguien no te ame como tú quieres, no significa que no te ame con todo su ser.
6. Los seres humanos no nacen para siempre el día en que sus madres los alumbran, sino que la vida los obliga a parirse a sí mismos una y otra vez.
7. La sabiduría nos llega cuando ya no nos sirve de nada.
8. La vida no es sino una continua sucesión de oportunidades para sobrevivir.
9. Lo más importante que aprendí a hacer después de los cuarenta años fue a decir no cuando es no.
10. No tenemos otro mundo al que podernos mudar.
11. Ninguna persona merece tus lágrimas y quien se las merezca no te hará llorar.
12. La peor forma de extrañar a alguien es estar sentado a su lado y saber que nunca lo podrás tener.
13. Puedes ser solamente una persona para el mundo, pero para una persona tú eres el mundo.
14. No pases el tiempo con alguien que no esté dispuesto a pasarlo contigo.
15. El amor se hace más grande y noble en la calamidad.

16. No, el éxito no se lo deseo a nadie. Le sucede a uno lo que a los alpinistas, que se matan por llegar a la cumbre y cuando llegan, ¿qué hacen? Bajar, o tratar de bajar discretamente, con la mayor dignidad posible.

17. El problema del matrimonio es que se acaba todas las noches después de hacer el amor y hay que volver a reconstruirlo todas las mañanas antes del desayuno.

18. Creo que las mujeres sostienen el mundo en vilo, para que no se desbarate mientras los hombres tratan de empujar la historia. Al final, uno se pregunta cuál de las dos cosas será la menos sensata.

19. Las mujeres solo se entregan a los hombres de ánimo resuelto porque les infunden la seguridad que tanto ansían para enfrentarse a la vida.

20. La memoria del corazón elimina los malos recuerdos y magnifica los buenos, y gracias a ese artificio, logramos sobrellevar el pasado.[5]

2. El efecto innovación: Steve Jobs

Perfil

Steven Paul Jobs nació en San Francisco, California, el 24 de febrero de 1955. Se destacó toda su vida por ser un empresario innovador del mundo de la informática en Estados Unidos. Llegó a ser magnate después de haber iniciado su empresa muy joven en un garaje, junto a su amigo Steve Wosniak. Steve Jobs llegó a ser el mayor accionista de Walt Disney Company y también fundador y presidente de Apple, Inc.

El impacto que causó en los medios de comunicación fue tal que llegó muy pronto a ser portada de la revista *Time*. No tardó en convertirse en un reconocido millonario. Cuando apareció la competencia en los años ochenta, mostró su capacidad de innovación. En 1984, su compañía lanzó el Macintosh 128K, que fue la primera computadora personal comercializada.

A pesar de que lo despidieron de la empresa que él mismo fundó, Apple Computer, vendió todas sus acciones, menos una. El presidente Reagan le otorgó la Medalla Nacional de Tecnología.

Tuvo muchas dificultades económicas, pero Apple llegó a sobrepasar a Exxon como la empresa de mayor capital a nivel mundial una vez que Jobs volvió a tomar el mando.

En los años noventa se lanzó la película *Toy Story*, lo que revolucionó la industria de la animación. De esa manera Jobs se convirtió en el mayor accionista del gigante Walt Disney Company. Su innovación lo llevó a transformar el mundo de la informática y el musical, con el lanzamiento de IPod e ITunes.

Al morir, su fortuna estaba cerca a los 9,000 millones de dólares. Su nombre ocupó el puesto 110 en la lista de grandes fortunas de la revista *Forbes*.

Steve Jobs, el genio que revolucionó el mundo de la informática, no solo logró impactar por su capacidad creativa. Jobs es uno de los personajes del siglo XXI con mayor capacidad de generar un efecto en el público, por ese «algo» que transmitía desde su esencia.

Es impresionante escuchar sus conferencias y, en especial, el famoso discurso que pronunció en la Universidad de Stanford,[6] en el que mostró su estilo directo, sincero, seguro, original e innovador. Es uno de los videos más vistos en YouTube. También uno de los libros más vendidos en los últimos tiempos es la biografía realizada por Walter Isaacson sobre Steve Jobs,[7] escrita en colaboración con él. Walter Isaacson —director ejecutivo del Instituto Aspen— ha sido presidente de CNN y editor de la revista *Time*. Es el autor de las biografías de Benjamín Franklin: *An American Life* y de Kissinger: *A Biography*. Se han escrito varios buenos libros sobre Jobs. Recomiendo en especial uno de los mejores, el del autor español Mario Escobar: *Los doce legados de Steve Jobs*.[8]

En este espacio quiero enfocarme, por supuesto, en el efecto innovación de Steve Jobs, basado en el impacto de su comunicación personal. En su estilo propio. La solapa de la biografía de Isaacson dice muy bien:

Su creatividad, energía y afán de perfeccionismo revolucionaron seis industrias: la informática, el cine animado, la música, la telefonía, las tabletas y la edición digital.

Jobs habla con sinceridad, a veces brutal, sobre la gente con la que ha trabajado y contra la que ha competido. Su historia, por tanto, está llena de enseñanzas sobre innovación, carácter, liderazgo y valores.[9]

Creo, desde mi punto de vista de comunicadora, que la imaginación y los hallazgos tecnológicos de Jobs no le hubieran bastado para alcanzar el impacto personal que logró. Existen muchos genios anónimos y tristemente desconocidos. Pero él era un genio con efecto.

El impulso mayor se lo dio ese perfil de líder perfeccionista, exigente, que le apostaba a la excelencia y lo llevaba a dirigirse a las personas con tenacidad, pero sin rigor. Podía hablar de los temas más técnicos, con sus jeans y su buzo negro, sin pretensiones de doctor, ni corbatas rígidas. Producía en el auditorio una atracción especial, por la forma como manejaba las manos, la mirada y toda su expresión, de manera clara y segura.

He analizado su lenguaje corporal en diferentes empresas y universidades donde lo he presentado como un caso de éxito, fenómeno de la comunicación y las presentaciones de alto impacto.

Los diez puntos clave de la comunicación y el efecto de las presentaciones de Steve Jobs son:

1. Pasión por el producto
2. Eliminar ruidos
3. Poco texto
4. Transparencias visuales
5. Simple y elegante
6. Orienta con un mapa
7. Tema único: contundente
8. No estadísticas, historias
9. Rompe la monotonía
10. ¡Ensaya, ensaya, ensaya!

Su secreto personal para el efecto de la comunicación en sus presentaciones era: «Semanas de preparación, nada abandonado a la suerte, riguroso trabajo y ensayo. No hay atajos para la excelencia».[10]

Veinte frases del efecto innovación de Steve Jobs:

1. La innovación es lo que distingue a un líder de los demás.
2. No hemos sido los primeros, pero seremos los mejores.
3. El diseño no es solo la apariencia, el diseño es cómo funciona.
4. Estoy tan orgulloso de lo que no hacemos como de lo que hacemos.

5. La innovación no tiene nada que ver con cuantos dólares has invertido en I+D. Cuando Apple apareció con el Mac, IBM gastaba al menos cien veces más en I+D. No es un tema de cantidades, sino de la gente que posees, cómo les guías y cuánto obtienes.

6. Siempre he dicho que si alguna vez llegaba el día en que ya no pudiese cumplir con mis funciones y expectativas como ejecutivo de Apple, yo sería el primero en hacerlo saber. Por desgracia, ese día ha llegado.

7. Mi trabajo no es hacérselo fácil a la gente. Mi trabajo es hacerlos mejores.

8. Ser el hombre más rico del cementerio no me interesa... Lo que me importa es irme a la cama cada noche sabiendo que hemos hecho algo maravilloso.

9. El diseño es el alma de todo lo creado por el hombre.

10. Tu tiempo es limitado, así que no lo malgastes viviendo la vida de otra persona. No dejes que el ruido de las opiniones de otros apague tu propia voz interior.

11. Muchas veces la gente no sabe lo que quiere hasta que se lo enseñas.

12. Estoy convencido de que la mitad de lo que separa a los emprendedores exitosos de los que no triunfan es la perseverancia.

13. Pensamos en ver la televisión para desconectar nuestro cerebro y en usar la computadora cuando queremos volver a encenderla.

14. Preocúpate por la calidad de tus productos, mucha gente no está preparada para la excelencia y sorprenderás.

15. La contratación es difícil. Es la búsqueda de agujas en un pajar. No puedes conocer lo suficiente de una persona en una entrevista de una hora. Yo les pregunto a todos: ¿Por qué estás aquí?, en realidad no busco la respuesta literal, busco lo que hay bajo esa respuesta.

16. Hay gente que dice que si me atropellara un autobús, Apple tendría un problema. Sin embargo, creo que Apple tiene gente muy capacitada.

17. La industria de las computadoras estará muerta los diez próximos años. El mercado está dominado por Microsoft con muy poca innovación y gusto (1996).

18. La cuota de mercado de Apple en la informática es mayor que la de Porsche, BMW y Mercedes en los automóviles. ¿Qué hay de malo en ser un BMW o un Mercedes?

19. ¿Por qué enrolarse en la Marina si se puede ser pirata?

20. La muerte es el mejor invento de la vida.[11]

3. El efecto profesionalismo: Patricia Janiot

Perfil

Ángela Patricia Janiot, nació en Bucaramanga, Colombia, el 2 de octubre de 1963. Hija de padres argentinos.

Es una de las periodistas latinas más reconocidas a nivel internacional. Trabaja con la cadena CNN hace veinte años y como presentadora oficial de CNN en español desde hace quince. También cuenta con un espacio semanal en CNN Radio en español.

Comenzó su carrera en la fama desde muy joven como Reina en el Concurso Nacional de Belleza de Colombia, realizado en Cartagena en 1983, como representante del departamento de Santander. Representó también a Colombia en Miss Mundo, en 1984. Estuvo entre las quince primeras finalistas.

Después se dedicó a su carrera de comunicación social en la Universidad de La Sabana de Bogotá. Se especializó en producción de televisión y radio en el Colegio Superior de Telecomunicaciones. Habla portugués y estudió inglés en la Universidad de Cambridge.

Es la presentadora principal de CNN en español, desde que fue fundado en el año 1997. Además trabaja con el vicepresidente principal de esa cadena como asesora. Fue nominada al premio Emmy en 1990. También obtuvo el premio Golden Mike como Mejor Noticiero, concedido por la Asociación de Radio y Televisión del Sur de California.

El Hispanic Media 100 le otorgó un reconocimiento como una de las periodistas y ejecutivas de noticias hispanas de mayor influencia de Estados Unidos de Norteamérica. La Industria de la Televisión en Español la premió con el galardón INTE, a la «Mejor personalidad de noticias femenina».

En su país, Colombia, ha sido premiada con diversos reconocimientos en el ámbito del periodismo y los medios de comunicación. Como el premio Simón Bolívar, como periodista de investigación y por la Red de Prensa Colombiana entre los mejores del país.

Después de los acontecimientos del 11 de septiembre, decidió dedicarse a una labor de mayor trascendencia filantrópica. Por eso Patricia Janiot es la presidenta de la Fundación Colombianitos, dedicada a ayudar a niños afectados por la guerra en Colombia y galardonada por la reina Silvia de Suecia.

Patricia Janiot ha llegado a todos los países de América Latina para cubrir los más grandes hechos noticiosos, en especial los procesos electorales presidenciales de Colombia, Chile, Argentina, México, Perú, Honduras, Costa Rica, Venezuela... Para el canal CNN en Español, ha entrevistado a la mayoría de los presidentes de la región. Ha estado en Israel y la Franja de Gaza como corresponsal periodística para el cubrimiento de las elecciones de Benjamín Netanyahu, el primer ministro israelí.

También ha cubierto momentos difíciles de la historia contemporánea, como los desastres de la guerra en Iraq y los atentados terroristas del 11 de septiembre de 2011 contra las Torres Gemelas en Nueva York.

Muchos han sido los personajes mundiales que ha entrevistado Patricia Janiot. Entre los más destacados figuran: Augusto Pinochet, Fidel Castro, Bill Clinton y Collin Powell.

Desde el centro de noticias de One CNN Center en Atlanta, GA, Patricia Janiot ha mostrado las noticias de eventos trascendentes como la guerra antiterrorista, las elecciones presidenciales de Estados Unidos, el funeral de la princesa Diana, las acciones bélicas en Kosovo y el referéndum revocatorio en Venezuela. También le han tocado las convenciones de los partidos republicano y demócrata, los debates de los candidatos John McCain y Barack Obama, los procesos electorales entre George W. Bush y Al Gore, los entre George W. Bush y John Kerry, y las elecciones estadounidenses de 2008, que llevaron a Barack Obama a la presidencia.

Ángela Patricia Janiot es una de las mujeres latinas más queridas y reconocidas por su destacada labor dentro del canal CNN en español. Su capacidad profesional como periodista le ha permitido permanecer durante veinte años en esta importante cadena de televisión, como una de las figuras más notables de las noticias a nivel internacional.

El efecto profesionalismo de Patricia Janiot es admirable. Ha entrevistado a presidentes de la mayoría de los países de Latinoamérica. Desde Fidel Castro hasta Juan Manuel Santos y Hugo Chávez. Día a día, Patricia Janiot muestra el Panorama Mundial con el toque de distinción y elegancia que la caracteriza. Mantiene su porte de reina de belleza que recibió como

Señorita Santander en su país, Colombia. Hoy es considerada no solo una presentadora oficial y periodista muy profesional, sino que como una de las líderes latinas de mayor influencia y credibilidad a nivel mundial.

El efecto profesionalismo de Patricia Janiot se relaciona no solo con su capacidad de trabajo y la calidad en la presentación de las noticias cada día, sino con su estilo único: sofisticado, sobrio y con un inconfundible don de gente. Logra ser a la vez discreta y directa, con un coraje muy fino para elaborar las preguntas en cada entrevista que realiza.

Hoy en día, las noticias de CNN en español cuentan con un sello: el rostro y la sonrisa amable de Patricia Janiot, su tono de voz muy particular, su belleza latina y la comunicación clara e inteligente con el toque de calidez y belleza de la mujer colombiana, que se siente bien representada en ella, como portadora de la inteligencia femenina latina.

Cada uno de sus mensajes en las redes sociales como Twitter y Facebook genera día a día revuelo e impacto en el público de habla hispana de Latinoamérica, Estados Unidos y Europa. En especial entre su grupo de fans, que cada día aumenta.

Cada visita que Patricia Janiot realiza a algún país latino para efectuar sus atinadas entrevistas, se convierte en una noticia de impacto internacional. Ha logrado ser una especie de catalizadora diplomática y muy fina de las comunicaciones no fáciles entre mandatarios latinoamericanos.

Su porte de reina permanece vigente, como representante y embajadora del periodismo latinoamericano, por su elegancia y belleza, pero también por sus valores personales y su capacidad de entrevistar y conducir las noticias de CNN en español. El público la aprecia, la admira y la considera un símbolo de las comunicaciones hispanas en la región y en Estados Unidos.

Como presidenta de la Fundación Colombianitos, ha abordado el tema de la responsabilidad social con seriedad y ha mostrado un lado bastante solidario y altruista, que la lleva más allá del día a día de las malas noticias y los cubrimientos difíciles. Como el del fatídico 11 de septiembre de 2001, cuando ocurrieron una serie de atentados terroristas suicidas en Estados Unidos, perpetrados por miembros de la red terrorista yihadista Al Qaeda.

Esos terroristas secuestraron varios aviones de la línea American Airlines para estrellarlos contra varios objetivos, como las emblemáticas Torres Gemelas de Nueva York, y causaron la muerte a casi 3,000 personas, dejando heridas a otras 6,000. Además de la destrucción del entorno del World Trade

Center, en Nueva York, causaron graves daños en el Pentágono, en el estado de Virginia. Un episodio que precedió a la guerra de Afganistán y a la adopción del gobierno estadounidense y sus aliados de la política denominada «Guerra contra el terrorismo».[12]

La cobertura de esa noticia marcó la vida de Patricia Janiot como periodista y como persona. La impulsó a tomar la decisión de dedicar parte de su esfuerzo a ayudar a personas vulnerables.

En una entrevista que yo misma le realicé para la revista *Ayudar!* que circuló con el diario *El tiempo* en Colombia y *El nuevo herald* de Miami, de la cual fui directora, Patricia Janiot me dijo en diálogo personal:

Ser la presidenta de «Colombianitos»[13] es una enorme responsabilidad, porque debemos velar por el bienestar de más de cuatro mil niños mientras asisten a nuestros programas en siete ciudades y además garantizar la continuidad de esos mismos programas.

Gracias a un esfuerzo integral de profesionales y amigos, Colombianitos puede garantizar el impacto positivo de su excelente trabajo de campo en las comunidades donde opera. Su impacto se traduce en mayor escolaridad, mejor rendimiento escolar, menos criminalidad. Colombianitos y sus familias realizan importantes programas de inmersión en valores fundamentales.

De esta manera ayudamos a construir el país que nos merecemos», afirmó Ángela Patricia, mientras preparaba su maleta para asistir como moderadora al XVI Congreso Colombiano de Comunicaciones en Cartagena.

Representar a Colombianitos es una experiencia absolutamente gratificante para el alma. Porque ayudar, ayuda. Cambiar la vida de tantos niños transforma tu vida. Así que, si nos unimos muchos a este esfuerzo, vamos a cambiar el futuro de Colombia.

La idea de iniciar la Fundación Colombianitos fue de Juan Pablo Gnecco, que nos convocó a un grupo de colombianos en Atlanta con la inquietud de hacer algo por el país. Algo que implicara transformar comunidades enteras y proveer nosotros mismos los fondos a través del trabajo social directo.

Comenzamos en el 2000, rehabilitando niños que habían sido víctimas de la explosión de minas terrestres. Un año después iniciamos nuestro programa bandera: «Goles para una vida mejor», con cuarenta y dos niños de la localidad de Ciudad Bolívar.

Hoy, diez años después, Colombianitos trabaja con 4,100 niños en siete ciudades del país. El sueño es llegar a muchas más comunidades necesitadas, donde exista pobreza extrema. Ahí es donde quieren producir cambios, no solo en su entorno de pobreza extrema, sino en la actitud y los valores de los niños y los jóvenes. Así esperan formar mejores seres humanos, para que sean los ciudadanos ejemplares del mañana.

En un país con enormes desigualdades como el nuestro, tenemos la obligación de hacer algo más en la medida de nuestras posibilidades. No se nieguen la satisfacción de ayudar a alguien que lo necesita sin esperar nada a cambio. Esa es otra manera de trascender y dejar huella.

4. El efecto sublime: Juan Luis Guerra

Perfil[14]

Uno de los músicos y cantautores más reconocidos de Latinoamérica y de habla hispana a nivel mundial es Juan Luis Guerra Seijas. Nació el 7 de junio de 1957 en Santo Domingo, República Dominicana.

Hijo del fallecido jugador de baloncesto Gilberto Guerra con Olga Seijas, este músico prodigioso estudió un año de Filosofía y Literatura en la Universidad Autónoma de Santo Domingo (UASD). Desistió para dedicarse a estudiar en el Conservatorio Nacional de Música. Más tarde estudió composición y arreglos en el Berkeley College of Music de Boston. Se casó con Nora Vega, una estudiante de diseño.

Es conocido como el compositor más famoso de Latinoamérica. Su música ha logrado fusionar de manera única la bachata y el son de su tierra dominicana con géneros como rock, blues, pop, bolero, balada, merengue, salsa, etc. Hoy es considerado el artista número uno en el género Gospel, porque le canta a la vida y a Jesucristo con gran éxito.

Ha vendido más de cincuenta millones de copias de sus discos. Es el artista con más premios de América Latina. Se reconoce como uno de los íconos de la música latina. Ha recibido dieciocho Grammys, tres de ellos de la Academia Norteamericana.

La Fundación Juan Luis Guerra presta ayuda humanitaria en República Dominicana. Con su labor filantrópica ha sido Embajador de Buena Voluntad de la UNESCO. Juan Luis participa en eventos que generan influencia en la construcción de un mundo mejor para los desvalidos, como la campaña «Levántate y actúa contra la pobreza», en República Dominicana, que participa en la Conferencia Internacional de Las Américas.

Frente a más de 3,000 jóvenes del mundo, leyó la Declaración de los Objetivos de Desarrollo del Milenio, en el evento organizado por la «Asociación Dominicana de las Naciones Unidas» (ANU-RD), la Fundación Global Democracia, Desarrollo (FUNGLODE), y el Departamento de Información Pública de las Naciones Unidas. La declaración solicitaba a los líderes mundiales atender los problemas que impiden el desarrollo de los pueblos.

En enero de 2010, Juan Luis se unió a un grupo de personalidades de la República Dominicana en el telemaratón denominado: «Que viva el país por Haití». Organizó un concierto llamado «Un canto de esperanza por Haití» para construir un hospital infantil, al que asistieron 40,000 personas el 18 de abril de 2011 en Santo Domingo. Participaron otros grandes de la música como Alejandro Sanz, Miguel Bosé, Juanes y Enrique Iglesias.

En el 2007, cuando recibió los Grammy como mejor grabación dijo: «¡Gracias al Señor, mi Salvador, y a todos los que han hecho posible este sueño». También en el 2007 la Academia Latina de Ciencias y Artes de Grabación lo reconoció como personalidad latina del año. En Chile ha recibido, en el Festival de Viña del Mar, Antorchas y Gaviotas de Oro. Así como también Premios Juventud, como la «Figura de las Generaciones».

Su famoso grupo 440 grabó su primer álbum en 1984. Una fusión de merengue con jazz unido a una vocalización al estilo del grupo vocal Manhattan Transfer. Al parecer, el nombre 440 surge del número de Herzios de la frecuencia de la nota «la», usada para la afinación de los instrumentos musicales.[15]

El impacto que ha logrado Juan Luis Guerra no es solo por sus canciones, su calidad de producción, la calidad de sus composiciones y la delicia de sus piezas musicales, que lo perfilan como uno de los más grandes artistas de la historia de Latinoamérica. El efecto de Juan Luis Guerra se relaciona con el diferencial que muestra como persona. Mucha gente lo sigue, lo admira, lo disfruta, pero no logran descifrarlo. A ese «algo» que proyecta Juan Luis como persona y que transmiten sus canciones que tanto han impactado al mundo hispano aquí lo llamaremos el efecto sublime.

Entre los sinónimos de la palabra y el concepto «sublime» están: excelso, eminente, elevado, noble, glorioso. Eso es justamente lo que producen sus tonadas en las grandes masas que lo siguen en los conciertos, en las redes sociales y en cada uno de los escenarios donde entra con su barba, sus típicos sombreros negros y ese espíritu amable y discreto que lo identifica.

El efecto sublime de Juan Luis se relaciona. Es impresionante la forma en que llega a la gente con ese estilo que te «añoña», lo que quiere decir: mimar o consentir, en el lenguaje popular dominicano. Mantiene un equilibrio entre el sabor caribeño con mucho «tumbao», la dulzura de una voz que acaricia las notas y la fuerza de unas letras que son, más que canciones, poemas inspirados de manera excepcional.

Juan Luis Guerra logra componer canciones que son de una belleza limpia, clara, transparente, cristalina, que llena de paz el corazón. Contienen una gran dosis de bondad y gracia. Es a todo eso lo que llamamos efecto sublime. Habla de su convicción por el cristianismo con sencillez. Sin caer en el típico lenguaje y la postura religiosa, por eso comunica mucha credibilidad, lo aplauden y ovacionan de manera apoteósica cada vez que menciona a Dios, canta para la vida y para él de corazón, sin pretensiones proselitistas ni tendenciosas.

El efecto sublime de canciones como «Mi bendición», «En el cielo no hay hospital», «Las Avispas» y muchas otras, no está afectado por un tono legalista recalcitrante y aburrido.

Logra con sencillez, alegría y humildad, pero con mucho porte, hablar de manera sincera y clara de su relación con Jesucristo y del amor de Dios. Luego lo proyecta en el espíritu de sus canciones, que cuentan con una gracia especial. Demuestra su profesionalismo musical como egresado de Berkeley. Juan Luis es un maestro de la música, con tremendo oído armónico y, sobretodo, con la rica influencia del inconfundible y sabroso sonido de su tierra dominicana.

El efecto sublime de Juan Luis Guerra ha trascendido naciones y continentes. Nunca el género de la bachata había sido tan difundido. Hoy tiene a todos bailando al ritmo de bachatas que han conquistado con su cadencia a los millones de espectadores que lo siguen en el mundo entero. Como con la canción «Bachata en Fukuoka».[16]

Eso es lo que logra Juan Luis. Un efecto sublime que, sin ser pretensioso ni ufanarse de su fe, muestra de verdad el amor de Dios en cada una de sus composiciones, en la melodía, en la alegría, en la calidad y excelencia de las producciones. En todo su efecto.

Frases como: «Ojalá que llueva café en el campo», «Dicen que las flores se pusieron a cantar tu nombre... y la luna no se convenció... y bajó a mirarte el corazón», «Si tú no bailas conmigo, prefiero no bailar», «Te regalo una rosa, que encontré en el camino», son, en verdad, sublimes.[17]

Ese efecto sublime lo logra ante todo por su espíritu de excelencia y su profesionalismo musical. Pero existen otros factores de tipo personal que están en la esencia misma de Juan Luis Guerra como individuo. Más allá de su talento y capacidad artística, genera un efecto muy particular en la gente.

La capacidad de no tornarse arrogante, de hablar con calma y equilibrio sobre todos los temas, con seriedad, pero con alegría, con objetividad, pero con arte y romance... ¡Es impresionante escucharlo! Por eso lo escogí entre los casos de análisis del efecto. Porque es un artista de Latinoamérica y el Caribe que ha llegado a muy altos niveles de impacto. Muchos han llegado lejos, como Shakira, Juanes, Luis Miguel... Son extraordinarios. Pero aquí no nos referimos al artista, su talento o impacto en la farándula. Nos referimos a «eso» que logra Juan Luis en las personas, en todos los que le oyen, en su entorno de gente influyente. Lo que consigue transmitir a las personas con su «ángel». Eso es el efecto sublime.

Cuando habló de su testimonio de cambio y transformación personal sorprendió al público. Dice que «estaba deprimido, no podía dormir y, al aceptar a Jesucristo, recibió paz». De allí surgió una de sus mejores canciones, que dice: «No necesito pastillas para dormir».[18] A partir de allí se notó un cambio total en el mensaje que transmitía, en la actitud que asumió, en la expresión de su rostro, claro, ahora podía dormir en paz.

Podríamos decir entonces que el efecto sublime de Juan Luis radica en su esencia, es parte de su diseño personal, de su talento natural y, ahora, viene recargado con su nueva relación con Dios. Su efecto sublime no solo sirve para entretener y deleitar a millares de fans en el mundo de habla hispana, sino que además es un instrumento de inspiración para el cambio y la transformación de miles de vidas. Eso es un efecto con propósito.

Con actitud humilde, tranquila, relajada, sobria, sencilla, logra este hombre que mide más de un metro noventa de altura, impactar e influenciar a las personas. Ese es parte de su encanto y de lo que la gente le aplaude en forma apasionada. El efecto sublime de Juan Luis Guerra permite que la gente no se canse de escuchar sus temas. Sus letras de hace una década se mantienen vigentes e intactas. Canciones como «Si tú no bailas conmigo, prefiero no bailar» producen un incontenible deseo de danzar.

Otras como «Solo tengo ojos para ti» o «Como yo», generan un sentimiento de fidelidad hacia la pareja, poco usual en los temas modernos, más inspirados por la pasión erótica y los amores confusos y sórdidos, que por un amor limpio y fiel, de inspiración más pura y elevada.

Se relaciona esta capacidad de influenciar a través de la música, con la forma sencilla en que puede llegar a la gente, sin pretensiones, pero con una profundidad poética que le ha dado una marca distintiva. Ese es uno de los principales motivos de su éxito: la simplicidad romántica con contenidos y mensajes de mucho fondo.

La amistad con la gente a su alrededor se ha convertido en un sello especial de nobleza. Este efecto sublime, unido a la humildad, es necesario para todos los que cuentan con inteligencia musical y artística. Porque el talento no basta, es determinante la actitud y los valores, para una posición de influencia.

Lo que por lo general se muestra como modelo a seguir en los medios de comunicación, en el mundo del alto *jet set*, la televisión, el cine y el entretenimiento, son antivalores. Entre estos: la envidia, las peleas, los escándalos, las infidelidades. Por ello se toman como modelos a seguir, artistas con tendencias suicidas, sobredosis de drogas o desequilibrios emocionales, personalidades que forman parte de las noticias de cada día en el convulsionado mundo internacional de la farándula.

Por eso el efecto sublime de Juan Luis Guerra es muy válido aquí, para mostrarlo como hombre de talento con valores. Dos componentes para un personaje completo. Si una figura de la música tiene todo el talento del mundo, pero su vida es un desastre, no podemos decir que se trata de un modelo de inspiración a seguir.

Veinte temas con el efecto sublime de Juan Luis Guerra:[19]

1. Ojalá que llueva café
2. Bachata en Fukuoka
3. La guagua
4. Te regalo una rosa
5. Tengo un corazón

6. Visa para un sueño
7. Woman del Callao
8. Los dinteles
9. Mi Padre me ama
10. La ciuguapa
11. La bilirrubina
12. El Niágara en bicicleta
13. En el cielo no hay hospital
14. Bendita la luz
15. Abriendo camino
16. Apaga y vámonos
17. A la vera
18. A pedir su mano
19. Mi bendición
20. Las avispas

5. El efecto rigor: Margaret Thatcher

Perfil

Margaret Hilda Thatcher, Baronesa Thatcher de Kesteven (Grantham, 13 de octubre de 1925), conocida como «La dama de hierro» por su carácter directo y muy firme. Además por su determinante oposición a la Unión Soviética. Como Primera Ministra del Reino Unido (1979 a 1990), fue la primera mujer en su país en ocupar ese cargo y la persona que lo dominó por mayor tiempo en el siglo XX. Su política conservadora llegó a imponerse y a ser reconocida a nivel mundial como el famoso «thatcherismo».

Ejerció su profesión científica como química y después como brillante abogada. Fue miembro del Parlamento en 1959, a partir de las elecciones. Siempre como firme opositora de las políticas del gobierno laborista. En 1975 fue Secretaria de Estado de Educación y Ciencia, ganó las elecciones del Partido Conservador y ocupó la presidencia del partido. En 1979 triunfó con su partido en las elecciones y se convirtió en la Primera Ministra del Reino Unido.

Inició un plan político y económico para hacer resurgir al Reino Unido, con énfasis en el fortalecimiento del sector financiero, el mercado laboral y las empresas públicas. Además de la reducción del poder de los sindicatos.

La recuperación económica, con la victoria en la Guerra de las Malvinas en 1982, aumentó su popularidad, por lo que fue a la reelección en 1983. Su política exterior fue de firme oposición a la Unión Europea y total alineamiento con la política exterior de Estados Unidos, aun cuando en su gobierno se firmó el Acta Única Europea, que estableció el mercado exclusivo y la cooperación con Europa.

El cambio social y económico que la ministra Thatcher produjo en el Reino Unido fue sustancial. Pero fue criticada por la venta de bienes del Estado y la falta de atención a los sindicatos. En 1987 fue reelegida para un tercer mandato, a pesar de que su impuesto a la comunidad (poll tax) no fue bien recibido. Además, algunos miembros de su gabinete no compartían sus políticas sobre la Unión Europea. En 1990 renunció a los cargos de Primera Ministra y líder del partido. La sucedió John Major como primer ministro. Hoy cuenta con el título de Baronesa Thatcher de Kesteven, del condado de Lincolnshire. Cuenta con el derecho vitalicio de ser miembro de la Cámara de los Lores.

Margaret Thatcher ejerció su papel como primera ministra y líder de la oposición en un momento muy tenso, en el que la discriminación y el sectarismo racial aumentaban en Gran Bretaña. Sin embargo, su nivel de popularidad crecía vertiginosamente, sobretodo después de conceder una entrevista al programa *World In Action* en la cual dijo: «El carácter británico ha hecho mucho por la democracia... En muchas maneras, las minorías añaden más a la riqueza y variedad de este país. En el momento en el que la minoría amenaza en convertirse en un grupo grande, la gente se asusta».[20]

Por su determinación y valor, Margaret Thatcher se convirtió en un personaje muy interesante para los medios de comunicación, obras de teatro y libros. Su imagen sirvió para protagonizar películas taquilleras y premiadas como: *Margaret* (2009), representada por Lindsay Duncan, y *La dama de hierro* (2011), representada por la genial Meryl Streep.

También se convirtió en blanco de críticas y sátiras en los medios de comunicación, por parte de autores como John Wells y también en la obra de teatro con especial de televisión dirigido por Dick Clement: *Iron Lady: The Coming Of The Leader*. Allí fue imitada por la famosa Janet Brown con escenas y canciones satíricas sobre el poder de la primera ministra. En el programa *Spitting Image*, mostraron su imagen ridiculizada de tirana, de la cual se burlaban los ministros de su gabinete.

Muchas canciones protesta se lanzaron en su contra, como las de Paul Weller, de la Red Wedge, quien buscaba su expulsión a través de la música. Y realizaron giras comediantes como Lenny Henry, Ben Elton, Robbie Coltrane y Harry Enfield para impedir su reelección.

Margaret Thatcher es una de las mujeres que mayor impacto ha dejado en la historia de Gran Bretaña, Europa y el mundo entero. No en vano le aplicaron sus copartidarios el apodo de «La dama de hierro». Es uno de los casos y perfiles de comunicación que, al analizarlo, debe mirarse como figura interesante, independientemente de sus decisiones o líneas políticas, que no forman parte del análisis de su efecto.

Justo en el momento en que, por coincidencia o providencia, escribía este perfil iba volando en un avión rumbo a Estados Unidos y acababa de ver la película *La dama de hierro*. ¡Qué maravillosa forma de recrear e inspirar estas páginas!

A la sobrecargo argentina que me atendía en el vuelo, le pregunté: «¿Qué opinan los argentinos de Margaret Thatcher?». Sonrió y me dijo: «Creemos que fue injusto lo que hizo. Pero es una mujer admirable», y continuó su camino, con su interesante donaire, como extraído de una película con tango.

Creo que esa respuesta y esa sonrisa airosa, son en parte la voz de muchos argentinos que todavía recuerdan los sucesos de la guerra por las Islas Malvinas, liderada por la primera ministro de Inglaterra. Aquí no nos involucraremos en el tema político internacional. Lo que sí analizaremos es el interesante personaje de la *La dama de hierro*. El efecto que causó como figura pública fue fascinante. Su capacidad de proyectarse como una líder firme, radical, objetiva, infranqueable, determinada y muy obstinada, lograba que cada una de sus frases mostrara una tenacidad inusual en una mujer de la época.

Pero no solo era su carácter firme y su temperamento directo lo que impactaban. Impuso su estilo, de muy refinado corte inglés, con perlas perfectamente alineadas, broches de oro y piedras preciosas, sombreros de ala corta, paños impecables, joyas discretas, muy finas y elegantes. Su estilo llegó a convertirla en un ícono de la sofisticación, el perfeccionismo y la distinción femenina. Como si fuera una tradicional reina de Europa, logró gran fineza en su estampa. Sus años en la política fueron tan rígidos como su peinado sostenido con laca.

Impactaba su carácter y su porte. Pero el efecto mayor lo daba ese aire de mujer fría con que caminaba, segura de las causas por las que luchaba. No había poder humano que la llevara a cambiar de opinión o a alterar una decisión. Todo el Reino Unido temblaba cuando la señora Thatcher determinaba una acción. Sabían que, por encima de todo, y a cualquier costo, se cumpliría.

Lo que causó siempre curiosidad fue como, al lado de esa incólume e inamovible capacidad de decisión, determinación y voluntad férrea, se plantaba una mujer de corazón que no toleraba la injusticia con el pueblo, ni la hipocresía de sus oponentes políticos, ni la falta de equidad con el género o con las poblaciones menos favorecidas. Podía llegar a recitar una oración de San Francisco de Asís en la mitad de uno de sus severos discursos y llevar a la gente a los niveles más altos de sensibilización.

Peleaba día a día con los miembros de la oposición, enfrentaba las voces machistas que no la aceptaban por su condición femenina, reprendía a los altos mandos militares por no cumplir sus órdenes al pie de la letra y hasta enfrentaba a su propia familia.

Al efecto rigor de la señora Thatcher no lo detenía nada. Era como un tanque de guerra sofisticado, pero imparable e incontenible. La expresión de su mirada directa, el lenguaje de su cuerpo siempre erguido, el tono de voz que parecía haber pasado por una escuela de locución donde le hubieran enseñado a impostar la voz de la manera más profunda posible, los gestos de mamá estricta, los ademanes de esposa implacable, todos esos factores reunidos perfilaron un personaje apasionante para estudiar como figura interesante en la comunicación.

A punto de volverse personaje de una de las películas más premiadas por la Academia y los Oscares con la regia interpretación de una de las actrices más amadas y admiradas de Hollywood: Meryl Streep. La actriz dijo acerca de Margaret Thatcher: «Ella no podía permitirse ni la risa ni las lágrimas porque sabía que sería percibido como una señal de debilidad».[21]

Acababa de ver el final de *La dama de hierro* en el avión, cuando confirmé que, más allá del poder de su inflexibilidad, severidad, tirantez, firmeza y tenacidad, produjo un efecto que quedó como una marca de fascinación, respeto y temor. La señora Thatcher pudo ser odiada o amada. Temida o necesitada. Difamada o aclamada. Contaba con ese carácter atractivo, pero a la vez aterrador, que podía ser capaz de hacer las más duras determinaciones en un momento en que todos a su lado no tenían otra salida que llorar y temblar. Luego, con la más fina delicadeza, terminaba el día sentada en el balcón, para tomar una flemática taza de té inglés.

Veinte frases del efecto rigor de Margaret Thatcher:

1. En cuanto se concede a la mujer la igualdad con el hombre, se vuelve superior a él.

2. Nadie recordaría al buen samaritano, si además de buenas intenciones no hubiera tenido dinero.

3. Cualquier mujer que entienda los problemas de llevar una casa está muy cerca de entender los de llevar un país.

4. La misión de los políticos no es la de gustarle a todo el mundo.

5. ¿Derrota? ¿Derrota? ¿Se acuerda usted de lo que dijo la Reina Victoria? Las posibilidades no existen.

6. Ningún gobierno puede hacer nada si no es a través de la gente y la gente primero debe cuidar de sí misma, y después, también, de sus vecinos.

7. En mi camino hacia aquí pasé por un cine y resulta que me estaban esperando, porque en la cartelera decía: El regreso de la momia.

8. En un sistema de libre comercio, los países y la gente no son pobres porque otros sean ricos. Si los otros fuesen menos ricos, los pobres serían, con toda probabilidad, todavía más pobres.

9. Es posible tener que librar una batalla más de una vez para ganarla.

10. Europa nunca será como América. Europa es producto de la historia. América es producto de la filosofía.

11. La acumulación de riqueza es en sí mismo un proceso moralmente neutro. Ciertamente, como enseña el cristianismo, la riqueza trae tentaciones. Pero también la pobreza.

12. La economía es el método. La finalidad es cambiar el corazón y el alma.

13. La gente piensa que en la cima (del éxito) no hay mucho espacio. Tienden a pensar en ello como en el Everest. Mi mensaje es que hay cantidad de espacio allí arriba.

14. Normalmente, me formo mi opinión sobre un hombre en diez segundos, y raramente la cambio.

15. Pensar de forma realista nunca ha llevado a nadie a ninguna parte. Sé fiel a tu corazón y lucha por tus sueños.
16. Si tu única oportunidad es ser igual, entonces no es oportunidad.
17. Si quieres que se diga cualquier cosa, pídeselo a un hombre. Si quieres que se haga algo, pídeselo a una mujer.
18. Si mis críticos me vieran caminando sobre las aguas del Támesis, dirían que es porque no puedo nadar.
19. Tengo una habilidad de mujer para aferrarme a un trabajo y continuar con él cuando todo el mundo se va y lo deja.
20. Puede que sea el gallo el que canta, pero es la gallina la que pone los huevos.[22]

6. El efecto dignidad: Martin Luther King

Perfil[23]

Martin Luther King (hijo) nació el 15 de enero de 1929 en Atlanta, Georgia, Estados Unidos. Estudió en Morehouse College. En 1951 se graduó en el Seminario Crozer Theological. Hizo un postgrado en la Universidad de Boston. Simpatizó con las ideas de Gandhi, de quien recibió la influencia para una filosofía de protesta por el uso de la no violencia.

Fue impresionante la forma como creció y se popularizó su lucha por la igualdad cuando realizó una gran marcha en Washignton en 1963. Más de doscientas cincuenta mil personas asistieron. Y fue allí cuando presentó uno de sus más brillantes mensajes sobre la valoración de los individuos como seres iguales y la importancia de la no violencia en el mundo.

Pronto obtuvo la simpatía del presidente Kennedy, quien lo apoyó en la lucha política en contra del segregacionismo y el racismo. Sin embargo, esto le costó tiempo después la propia vida al presidente, porque se cree que los grupos opositores a la igualdad contribuyeron a su asesinato, que conmovió a Estados Unidos y al mundo entero.

A pesar de la resistencia, King recibió el Premio Nobel de Paz en 1964. Pero en 1968 también murió asesinado, y después de sus funerales se desató una fatal ola de violencia a nivel nacional.

Sus discursos y su comunicación en general no solo marcaron la historia de Estados Unidos sino la historia universal.

El efecto dignidad de Martin Luther King se reconoció aquella tarde de 1954, cuando una mujer de raza negra fue retenida por negarse a dar su puesto en el autobús a una persona blanca. Le solicitaron que liderara una huelga en una compañía de transporte.

El mensaje de la campaña se refería a la libertad de la raza negra y la justicia. La protesta duró más de 350 días. Durante ese tiempo, arrestaron a Martin Luther King. Su residencia fue incendiada y recibió constantes amenazas. Pero aun en el tiempo de cautiverio, mantuvo en alto sus ideas y su efecto dignidad no pudo ser detenido.

Sus principios y valores como líder cristiano le dieron un talante de confiabilidad a su mensaje, que transcendió a lo político y se ancló en la profundidad espiritual, unida a la justicia social y a la praxis humanitaria. Se convirtió así en el ícono del triunfo antirracista. A partir de su labor, la Suprema Corte de Justicia cambió las leyes racistas. Luchó por los derechos de su raza y fundó la «Conferencia de Líderes Cristianos del Sur», de la cual fue su presidente.

Unió a todos los pastores de raza negra. En el año 1959, en Ebenezer, Atlanta, avanzó en la lucha por los derechos civiles. Otros grupos peleaban por los derechos de la raza afroamericana, pero la mayoría acudían a métodos de violencia, mientras que Martin Luther King levantó una bandera de no violencia. Ese fue su efecto dignidad. Por eso recibió el Premio Nobel de la Paz, como el principal líder del movimiento para la defensa de los derechos fundamentales. Siempre concientizó la discriminación racial, basado en los principios de la pacificación.

El impacto de los discursos y la oratoria de Martin Luther King, no estaban solo en la sencilla profundidad de sus ideas, sino en el efecto dignidad que él mismo transmitía como cristiano a las masas. Cada frase que decía conllevaba a una acción definitiva que promovía la justicia social, la igualdad y la valoración de las personas, cualquiera que fuera su raza.

El efecto dignidad de Martin Luther King mostraba siempre a un líder capaz de llevar hacia adelante sus ideas e ideales, sin que nadie se pudiera oponer. Contaba con tal capacidad de persuasión, en el fondo de sus ideas y en la forma en que las transmitía, que impactó no solo a los auditorios que llenaba, sino a la historia de la nación más poderosa.

Sus palabras, su expresión oral y su habilidad para convencer, hicieron temblar a los gestores de la justicia en Estados Unidos. Los convenció acerca de una verdad que durante años había estado allí, pero que ninguno se atrevía a proclamar. Luther King muestra la superioridad del efecto dignidad sobre el temor. Porque la dignidad va tomada de la mano de su aliado más cercano: el coraje.

Veinte frases clave del efecto dignidad de Martin Luther King:

1. Si yo supiera que el mundo se acaba mañana, hoy plantaría un árbol.
2. Si ayudo a una sola persona a tener esperanza, no habré vivido en vano.
3. Hemos aprendido a volar como los pájaros, a nadar como los peces... pero no hemos aprendido el sencillo arte de vivir como hermanos.
4. Nada en el mundo es más peligroso que la ignorancia sincera y la estupidez concienzuda.
5. Si el hombre no ha descubierto nada por lo que morir, no es digno de vivir.
6. Nada se olvida más despacio que una ofensa... y nada más rápido que un favor.
7. La violencia crea más problemas sociales que los que resuelve.
8. Nada que un hombre haga lo envilece más que el permitirse caer tan bajo como para odiar a alguien.
9. Una nación que gasta más dinero en armamento militar que en programas sociales, se acerca a la muerte espiritual.
10. Nuestra generación no se habrá lamentado tanto de los crímenes de los perversos, como del estremecedor silencio de los bondadosos.
11. Nadie se nos montará encima si no doblamos la espalda.
12. El hombre nació en la barbarie, cuando matar a su semejante era una condición normal de la existencia. Se le otorgó una conciencia. Y ahora ha llegado el día en que la violencia con otro ser humano debe volverse tan aborrecible como comer la carne de otro.
13. La injusticia, allí donde se halle, es una amenaza para la justicia en su conjunto.
14. Sostengo que quien infringe una ley porque su conciencia la considera injusta, y acepta voluntariamente una pena de prisión, a

fin de que se levante la conciencia social contra esa injusticia, hace gala en realidad de un respeto superior por el derecho.

15. La discriminación de los negros está presente en cada momento de sus vidas para recordarles que la inferioridad es una mentira que solo acepta como verdadera la sociedad que los domina.

16. De mi formación cristiana he obtenido mis ideales y de Gandhi la técnica de la acción.

17. Quizás el sufrimiento y el amor tienen una capacidad de redención que los hombres han olvidado o, al menos, descuidado.

18. El brazo del universo moral es largo, pero se dobla hacia la justicia.

19. Tengo un sueño, un solo sueño, seguir soñando. Soñar con la libertad, soñar con la justicia, soñar con la igualdad y ojalá ya no tuviera necesidad de soñarlas.

20. La oscuridad no puede deshacer la oscuridad; únicamente la luz puede hacerlo. El odio nunca puede terminar con el odio; únicamente el amor puede hacerlo.[24]

7. El efecto abnegación: Teresa de Calcuta
Perfil

Teresa de Calcuta nació el 26 de agosto de 1910 en Skopje, una ciudad situada en el cruce de la historia de los Balcanes. Era la menor de los hijos de Nikola y Drane Bojaxhiu. Se caracterizó por ser una mujer baja de estatura pero de alto impacto mundial como líder en favor de los menos favorecidos. Marcó la historia de la humanidad con sus acciones altruistas.

Decía que era albanesa de sangre pero de ciudadanía india. Y se hizo famosa porque afirmaba: «En lo referente a la fe, soy una monja Católica. Por mi vocación, pertenezco al mundo. En lo que se refiere a mi corazón, pertenezco totalmente al Corazón de Jesús».[25]

Se distinguió por dedicar su vida a los más empobrecidos y vulnerables del mundo. Dijo frases que marcaron a la humanidad como: «Dios ama todavía al mundo y nos envía a ti y a mí para que seamos su amor y su compasión por los pobres».[26] Su mayor deseo y pasión era: «saciar su sed de amor y de almas».[27]

Inició obras de caridad en diferentes países de corte comunista, incluso en la Unión Soviética, Albania y Cuba.

Por toda su obra, se hizo merecedora de premios que ella siempre atribuyó a la gloria de Dios y por el amor a los pobres. Su vida entera fue un testimonio de amor hacia la dignidad de las personas, el valor de las cosas pequeñas hechas con fidelidad y amor y el valor incomparable de la amistad con Dios. Era una misionera, símbolo de compasión para el mundo y un testigo viviente de la sed del amor de Dios.

El efecto abnegación de Teresa de Calcuta impactó a millones de personas en el mundo que reconocen en ella a una de las líderes con mayor caridad por los desvalidos y miserables. Su obra en favor de los pobres y los enfermos fue tan grandiosa que hoy, al hablar de una persona con los valores de la caridad y la bondad, se menciona su nombre.

Causaba un tremendo efecto en las personas que la escuchaban en sus discursos o entrevistas. Sus frases eran directas, oportunas y muy desafiantes para los dirigentes políticos y religiosos, a los que siempre retaba con sus nuevos proyectos en favor de aquellos que nadie les presta atención, por sus condiciones infrahumanas. Su ímpetu para las obras de beneficencia y la fortaleza con que las ejerció hasta el último día de su vida, hablaron más por ella que cualquier gran discurso. Era una mujer pequeña de estatura, pero grande en capacidades y determinación.

El efecto de Teresa de Calcuta será imborrable en las vidas de todas las personas que la conocieron y en las nuevas generaciones que estudiarán sobre ella en los libros de historia. Sus mensajes eran al mismo tiempo llenos de bondad y de desafíos. Sus pensamientos estaban lejos de los asuntos terrenales. Eso le daba autoridad para pedir para los pobres y levantar cada vez más obras para ellos. Teresa de Calcuta fue una mujer excepcional. El efecto de sus obras y sus palabras es una escuela de vida y un ejemplo de disciplina y tesón. Su abnegación, generosidad, altruismo y entrega eran reales. No basados en la religiosidad, ni en el interés personal, ni en su buen nombre o reputación. Amaba de verdad a las personas con misericordia extrema.

Veinte frases del efecto abnegación de Teresa de Calcuta:

1. Ama hasta que te duela. Si te duele es buena señal.
2. A veces sentimos que lo que hacemos es tan solo una gota en el mar, pero el mar sería menos si le faltara una gota.

3. Nuestros sufrimientos son caricias bondadosas de Dios, llamándonos para que nos volvamos a él, y para hacernos reconocer que no somos nosotros los que controlamos nuestras vidas, sino que es Dios quien tiene el control, por lo que podemos confiar plenamente en él.

4. El amor, para que sea auténtico, debe costarnos.

5. El fruto del silencio es la oración. El fruto de la oración es la fe. El fruto de la fe es el amor. El fruto del amor es el servicio. El fruto del servicio es la paz.

6. No debemos permitir que alguien se aleje de nuestra presencia sin sentirse mejor y más feliz.

7. No puedo parar de trabajar. Tendré toda la eternidad para descansar.

8. Dar hasta que duela y cuando duela, dar todavía más.

9. La paz comienza con una sonrisa.

10. Para hacer que una lámpara esté siempre encendida, no debemos dejar de ponerle aceite.

11. Cada obra de amor llevada a cabo con todo el corazón, siempre logrará acercar a la gente a Dios.

12. La vida es un juego; participa en él. La vida es demasiado preciosa; no la destruyas.

13. Nuestra tarea consiste en animar a cristianos y no cristianos a realizar obras de amor. Y cada obra de amor, hecha de todo corazón, acerca a las personas a Dios.

14. No deis solo lo superfluo, dad vuestro corazón.

15. Lo que importa es cuanto amor ponemos en el trabajo que realizamos.

16. El que no vive para servir, no sirve para vivir.

17. Amo a todas las religiones, pero estoy enamorada de la mía.

18. Jesús es mi Dios, Jesús es mi esposo, Jesús es mi vida, Jesús es mi único amor, Jesús es todo mi ser, Jesús es mi todo.

19. Cuanto menos poseemos, más podemos poseer.

20. Mi sangre y mis orígenes son albaneses, pero soy de ciudadanía india. Soy monja católica. Por profesión, pertenezco al mundo entero. Por corazón, pertenezco por completo al corazón de Jesús.[28]

8. El efecto impacto: Billy Graham

Perfil[29]

Billy Graham (7 de noviembre de 1918) ha sido uno de los oradores más impactantes de la historia. Llegó a ser uno de los principales mentores de varios presidentes de Estados Unidos. El 25 de abril de 2010 se reunió con Barack Obama. Su nombre ocupa el lugar número doce en la lista Gallup de personas más admiradas en el siglo veinte. Se convirtió en una celebridad, como líder de la denominación Bautista de Estados Unidos.

Ha sido honrado con frecuencia por encuestas como la «Greatest Living American» y ha aparecido entre las personas más admiradas de Norteamérica y del mundo, según los *rankings*. Sus sermones se difunden en los medios de comunicación y ha llegado en forma presencial a más de 3.2 millones de personas. Por su fuerza como carismático evangelista, ha logrado que miles de personas acepten a Jesucristo como su Salvador personal, en medio de sus campañas. En la calle de las estrellas de Hollywood se encuentra la suya, al lado de las de los artistas más famosos de la historia de Norteamérica y del mundo.

Billy Graham asumió una postura clara frente al tema de los derechos civiles y la segregación en Estados Unidos de Norteamérica. Como muchas otras figuras públicas, Graham no se interesó por el tema de la segregación hasta que comenzó el movimiento por los derechos civiles. Eso fue en los años cincuenta. Aunque al principio se negaba a hablar ante públicos segregados, en forma paulatina tomó cada vez más conciencia del tema. Con un acto simbólico, en 1953, mostró su postura franca y categórica contra la segregación: tumbó las cuerdas instaladas por los organizadores para separar a los negros y los blancos.

Se convirtió en un comunicador persuasivo sobre el tema del racismo y la segregación. Le recordaba siempre a la audiencia que el cristianismo tenía un pacto con los más vulnerables y olvidados. Así se convirtió en un defensor de las poblaciones oprimidas. Eso generó un alto impacto en Graham, como pocos lo han logrado hasta el momento.

Hasta veintitrés millones de personas llegaron a escucharlo en una de sus famosas campañas. Sus mensajes los escucharon más de doscientos millones de personas alrededor del mundo. Llegó a 185 países. Fue galardonado por el gobierno de Estados Unidos de Norteamérica y recibió los mayores honores de parte de presidentes como Ronald Reagan y Bill Clinton.

Siempre lo llamaron para hacer la oración oficial de eventos mundiales como la gran carrera de carros de Indianapolis 500. Una de las principales condecoraciones fue la de Caballero Comendador Honorífico de la Orden del Imperio Británico, por su contribución, durante más de sesenta años, a la vida civil y religiosa.

Billy Graham influenció a cientos de miles de personas a través de los medios de comunicación. Antes de morir, Martin Luther King reconoció que su éxito se debía en gran parte al apoyo y la influencia de Graham sobre su vida. Por eso afirmó: «Si no hubiera sido por el ministerio de mi buen amigo, el Dr. Billy Graham, mi trabajo y el movimiento de los derechos civiles no habría sido tan exitoso como lo ha sido».[30]

Graham predicó: «Jesús no era un hombre blanco, no era un hombre negro. Él vino de esa parte del mundo que afecta a África, Asia y Europa. El cristianismo no es una religión del hombre blanco. Cristo pertenece a toda la gente, pertenece a todo el mundo... Mi estudio de la Biblia, que me lleva finalmente a la conclusión de que no sólo la desigualdad racial es un mal, [me enseña que] los cristianos deben demostrar amor hacia todos los pueblos».[31]

En una oportunidad que muchos recuerdan, Graham sostuvo una severa discusión con uno de los miembros del famoso movimiento Ku Klux Klan (KKK), acerca de la importancia de la vinculación de la raza negra a la sociedad. El Ku Kux Klan era una organización política secreta y violenta fundada en Estados Unidos. Su enfoque de pensamiento era netamente en pro del esclavismo y del racismo. Defendía a la raza blanca como superior y suprema. Realizó muchos crímenes terroristas entre la sociedad civil de raza negra.

Billy Graham fue un incansable promotor del cristianismo. Siempre se opuso a la segregación y al racismo. Quería ver a negros y blancos unidos frente a la cruz. Luego de los ataques del 11 de septiembre de 2001, fue invitado por el presidente George W. Bush a liderar un culto en la catedral de Washington.

Siempre dijo que Jesús no tenía partido político. Por eso no se aliaba de manera directa con ningún equipo o partido. Pero les dio apoyo a varios presidentes del país, que lo valoraron como un importante referente, mentor y consejero, no solo espiritual sino también social. Al respecto creyó que los evangelistas no se debían identificar plenamente con ningún partido ni persona en particular. Por eso en una entrevista realizada por *Newsweek* en 2006, fue publicado sobre él: «Para Graham la política va después del evangelio».[32]

Por su liderazgo de transparencia y valores, Graham se convirtió en un asiduo visitante de los presidentes estadounidenses, desde Truman hasta Obama. Ha sido consejero gubernamental en casos tan delicados como el enfrentamiento con Corea del Norte.

Fue en esa época, en un campeonato de golf en Washington, cuando conoció y se hizo amigo íntimo del vicepresidente Richard Nixon. Eisenhower invitó a Graham a visitar con él al expresidente cuando este estaba en su lecho de muerte. Graham también aconsejó a Lyndon B. Johnson, Gerald Ford, Jimmy Carter, Ronald Reagan, Bill Clinton y la familia Bush.

El único de los presidentes norteamericanos que no lo llamó como consejero fue Kennedy, por ser católico y no protestante. Pero eran amigos y jugaban al golf. En cambio fue notable su estrecha relación con el presidente Nixon, a quien le dio su apoyo durante el proceso electoral de 1960.

En momentos en que se enfermó y estuvo hospitalizado, tres de los presidentes lo llamaron para desearle pronta recuperación: Nixon, Ford y Carter. También lo llamó George H. W. Bush, quien apodó a Graham «el pastor de Estados Unidos», para orar durante su posesión presidencial.

Fue reconocido por sus esfuerzos en favor de las relaciones judeocristianas. Lo llamaron «uno de los más grandes amigos del siglo para los judíos». Su pueblo en Charlotte oficializó el «Día de Billy Graham» cuando apareció con el presidente Nixon. La película «Billy: Los primeros años» se estrenó en el 2008, poco antes de su noventavo cumpleaños.

Billy Graham fue un escritor de *bestsellers* a nivel global, reconocido como el conferencista y evangelista que ha llevado el mensaje de Jesucristo con mayor nivel de influencia a nivel mundial.

Sus libros han sido leídos por millones y considerados clásicos de inspiración. Entre ellos: *Ángeles, Paz con Dios, El Espíritu Santo, Nacer a una nueva vida, El secreto de la felicidad* y *Esperanza para el corazón afligido.*

El efecto alto impacto de Billy Graham marcó a las últimas generaciones en Estados Unidos y de todo el mundo, por su forma directa de hablar, que no solo presentaba las verdades del evangelio, sino que además planteaba principios y valores para la vida. Fue escuchado por los principales líderes y los últimos presidentes de Estados Unidos, que lo admiraban y lo buscaban como consejero sabio y mentor en temas de profundidad humana.

En cuanto a su potencial como comunicador, ha sido una de las voces más escuchadas de la historia. Cientos de miles de personas fueron influenciadas por su oratoria, caracterizada por una voz firme y determinada, pero a la vez cálida y elegante. Graham generó una poderosa influencia en las personas que lo escuchaban en sus campañas porque su mensaje contaba con todos los elementos de una comunicación asertiva.

No era el típico orador agresivo, pero tampoco era plano ni pasivo. Sus mensajes contaban con una fuerza poderosa, con la sencillez, la claridad y la profundidad que mantenía deleitados a los asistentes por horas. Luego los llevaba a un verdadero compromiso de cambio, lo que lo convirtió en el evangelista más famoso de todos los tiempos.

Escuchar a Billy Graham es un deleite. Sabe conectarse con las personas con unos niveles muy altos de persuasión y su capacidad de impacto genera una huella profunda en el corazón y en la forma de pensar de la gente que lo escucha. También su lenguaje corporal, la expresión oral y el manejo agradable de su voz, lo convierten en uno de los mejores oradores de la historia.

Con una apariencia física muy atractiva y un don de gente innegable, Billy Graham llegó a convertirse en el asesor de cabecera de muchos presidentes de Estados Unidos. Pero no solo por su figura, o por sus capacidades de orador, sino porque él mismo, en esencia, les transmitió a estos presidentes el efecto de alto impacto que genera la transparencia.

El efecto de su brillo personal lo llevó a llenar grandes auditorios y estadios, a estar entre las figuras más famosas de la historia y a vivir su longevidad con la misma convicción y fuerza de siempre. Acaba de celebrar su cumpleaños número noventa y tres.

Veinte frases del efecto impacto de Billy Graham:

1. El coraje es contagioso. Cuando un hombre valiente se mantiene firme, otros también se afirman.
2. La oración es simplemente una conversación de dos vías entre usted y Dios.
3. El avivamiento no se da por la calle con un gran tambor; subir al Calvario implica un gran llanto.
4. Nunca las cabezas calientes y los corazones fríos resolvieron nada.
5. Dame cinco minutos con la chequera de una persona, y te voy a decir dónde está su corazón.

6. Dios no nos disciplina a nosotros para dominarnos, sino para llevarnos a una vida de utilidad y bendición.

7. Dios nos dio dos manos: una para recibir y otra para dar. No somos cisternas hechas para acumular, sino para compartir las tuberías.

8. Hay que estudiar la Biblia para ser sabio; seguir sus preceptos para ser santo.

9. Estoy seguro de que una predicación eficaz debe ser bíblica.

10. Mi casa está en el cielo. Solo estoy viajando a través de este mundo.

11. No es la postura del cuerpo, sino la actitud del corazón, lo que cuenta cuando oramos.

12. En estos días de complejo de culpa, tal vez la palabra más gloriosa en nuestra lengua es «perdón».

13. Somos las Biblias que el mundo está leyendo [...] Somos los sermones que el mundo está mirando.

14. El sufrimiento es parte de la condición humana, y nos llega a todos. La clave está en cómo reaccionamos ante él. O alejarse de Dios con ira y amargura, o acercarse a él con confianza.

15. Cualquier filosofía que trata solo el aquí y el ahora no es para el hombre.

16. Cuando nacemos de nuevo, todos somos bebés, no creyentes maduros, y los bebés necesitan mucho amor y paciencia.

17. Cuando un hombre endurece su corazón, Dios le sigue hablando, pero el hombre no puede oír.

18. Siempre que un hombre piensa en navegar fuera de Dios, el diablo siempre tiene un barco listo.

19. Una persona puede ser intelectualmente brillante pero ignorante espiritualmente.[33]

20. La mejor manera de enfrentar los retos de la vejez es prepararnos para ellos ahora, antes de que lleguen. Le invito a explorar conmigo no sólo las realidades de la vida al envejecer, sino también la esperanza.[34]

CAPÍTULO 10

EL **EFECTO** CONTUNDENTE DEL LÍDER MÁS INFLUYENTE DE LA HISTORIA: JESUCRISTO. ¡SÍGALO!

Perfil

Jesús, Cristo o Jesucristo.[1] Belén, alrededor de 1 A.C. – Jerusalén 30 A.D. Nació por medio de una virgen llamada María, que lo concibió por obra sobrenatural del Espíritu Santo. El ángel Gabriel se lo anunció como Jesús: el Salvador. María se casó después con su esposo José, con quien tuvo varios hijos, hermanos de Jesús. Su nacimiento en Belén, hace 2012 años, dividió la historia de la humanidad en dos: antes de Cristo (A.C.) y después de Cristo (A.D.).

Es conocido como: el Hijo de Dios, el Mesías, el Cristo, el Cordero de Dios, el Rey de reyes, el Señor de señores, el León de Judá, Redentor, Salvador, Emanuel, Príncipe de paz, Hijo de David, la Estrella de la mañana, Alfa y Omega, Principio y fin. Aun las culturas que no lo reconocen como Dios, lo admiran por su mensaje y su presencia en la tierra como uno de los líderes con el más grande impacto sapiencial de la historia universal y la vida contemporánea.

Jesucristo es la figura central del cristianismo. Siendo el Hijo de Dios, se hizo hombre, por amor a la humanidad que cayó con el pecado de Adán y Eva en el Edén. Como los continuos sacrificios que realizaba el hombre no podían apartarlo del pecado, era necesaria su muerte en la cruz del Calvario y su posterior resurrección para redimir al género humano y devolverle la vida eterna. Es el Cordero perfecto y solo a través de su sangre y el sacrificio de su expiación se restaura la relación del individuo con Dios.

Por su gracia, las personas son salvas del juicio eterno y del infierno. Con su muerte, Jesucristo triunfó sobre los principados y las potestades en la cruz. Luego bajó al Hades, le quitó al enemigo las llaves del imperio de la muerte. Al tercer día, resucitó, subió al cielo y el velo del templo se rasgó. A través de él, como Sumo Sacerdote, todos pueden tener acceso al Padre.

En Jesucristo, termina la época de la ley —Antiguo Testamento— y comienza la gracia: Nuevo Testamento. Ahora las personas no se salvan por sus obras, ni por su religión, sino por recibirlo y creer en su nombre como el Hijo de Dios y el Salvador.

Por medio del arrepentimiento y el acercamiento a la cruz donde dio su vida por amor, la persona apartada por Dios puede nacer de nuevo y ser transformada en una nueva criatura.

Todo el que pertenece a Cristo se ha convertido en una persona nueva. La vida antigua ha pasado, ¡una nueva vida ha comenzado! (2 Corintios 5.17, NTV)

Pero a todos los que creyeron en él y lo recibieron, les dio el derecho de llegar a ser hijos de Dios. (Juan 1.12, NTV)

En religiones como el islam, en la que Jesucristo es conocido por el nombre de «Isa», lo consideran también como uno de los profetas más importantes. Es uno de los personajes que ha ejercido una mayor influencia en la cultura occidental. La opinión más difundida en medios académicos dice que Jesús de Nazaret fue un predicador judío que vivió a comienzos del primer siglo en las regiones de Galilea y Judea, y fue crucificado en Jerusalén en torno al año 30.

Las historias acerca de su vida, desde su nacimiento, los milagros que realizó durante los tres años de su poderoso ministerio, su muerte y resurrección, se encuentran relatadas en el Nuevo Testamento de la Biblia, compiladas en los cuatro Evangelios de los apóstoles: Mateo, Marcos, Lucas y Juan. Pero su presencia es evidente desde el primer párrafo de la creación, en el libro del Génesis, hasta la última página del libro que lo muestra en gloria, revela las cosas que van a venir y anuncia su próxima venida: el Apocalipsis.

Inició su ministerio en la tierra con su bautismo en el río Jordán, por medio de Juan, que dijo de él: «Después de mí viene uno más poderoso que yo; ni siquiera merezco agacharme para desatar la correa de sus sandalias. Yo los he bautizado a ustedes con agua, pero él los bautizará con el Espíritu Santo» (Mateo 1.7-8 NVI).

Allí se manifestó por primera vez la presencia del Espíritu Santo y del Padre, junto al Hijo: «Tan pronto como Jesús fue bautizado, subió del agua. En ese momento se abrió el cielo, y él vio al Espíritu de Dios bajar como una paloma y posarse sobre él. Y una voz del cielo decía: "Éste es mi Hijo amado; estoy muy complacido con él"» (Mateo 3.16–17 NVI).

El primer milagro que Jesús realizó fue el de las bodas de Caná.

El encargado del banquete probó el agua convertida en vino sin saber de dónde había salido, aunque sí lo sabían los sirvientes que habían sacado el agua. Entonces llamó aparte al novio y le dijo:
—Todos sirven primero el mejor vino, y cuando los invitados ya han bebido mucho, entonces sirven el más barato; pero tú has guardado el mejor vino hasta ahora.
Ésta, la primera de sus señales, la hizo Jesús en Caná de Galilea. Así reveló su gloria, y sus discípulos creyeron en él. (Juan 2.6–11 NVI)

Luego inició su peregrinación por diferentes lugares, casas, ciudades, sinagogas, desiertos, montes, playas y valles en los que tuvo encuentros con multitudes que creyeron en él por sus milagros de sanidades y liberaciones sobrenaturales. Pero también con individuos despreciados, enfermos, desahuciados e ignorados, mujeres y hombres a los que les dedicó especial atención.

Fue condenado a la pena de muerte del Imperio romano: la crucifixión. Símbolo de maldición y castigo capital de los peores delincuentes, por predicar acerca del reino de los cielos, del arrepentimiento de pecados, del amor del Padre y por llamarse a sí mismo Hijo de Dios.

Antes de su crucifixión, Jesús celebró la última cena con sus discípulos (Marcos 14.22–24). Luego fue apresado mientras oraba en el Monte de los Olivos, con una de sus más famosas oraciones: «Padre, si quieres, no me hagas beber este trago amargo; pero no se cumpla mi voluntad, sino la tuya» (Lucas 22.42 NVI).

Por la traición de Judas, uno de sus doce discípulos, quien lo vendió por treinta monedas de plata, lo arrestaron y lo llevaron a juicio. Así se cumplió la escritura del Antiguo Testamento en cuanto a él. Así comenzó la pasión de Cristo, proceso que le llevaría hasta la muerte tras sufrir múltiples penalidades: azotes, infamias, ofensas, burlas, escupitajos, corona de espinas, clavos en las extremidades, traspasamiento con lanza y finalmente la crucifixión.

Fue crucificado en medio de dos ladrones. Uno de ellos, arrepentido, lo reconoció como justo y dijo: «Jesús, acuérdate de mí cuando vengas en tu reino. Jesús respondió: Te aseguro que hoy estarás conmigo en el paraíso» (Lucas 23.42–43 NTV). También dijo allí, en medio de la agonía: «Padre, perdónalos, porque no saben lo que hacen», «Padre, ¿por qué me has abandonado?». «Padre, en tus manos encomiendo mi espíritu».

Los evangelios relatan, después de su muerte, el evento de la resurrección de Jesucristo al tercer día:

¡De repente, se produjo un gran terremoto! Pues un ángel del Señor descendió del cielo, corrió la piedra a un lado y se sentó sobre ella. Su rostro brillaba como un relámpago, y su ropa era blanca como la nieve. Los guardias temblaron de miedo cuando lo vieron y cayeron desmayados por completo.

Entonces, el ángel les habló a las mujeres: «¡No teman! —dijo—. Sé que buscan a Jesús el que fue crucificado. ¡No está aquí! Ha resucitado tal como dijo que sucedería. Vengan, vean el lugar donde estaba su cuerpo. Y ahora, vayan rápidamente y cuéntenles a sus discípulos que ha resucitado y que va delante de ustedes a Galilea. Allí lo verán. Recuerden lo que les he dicho».

Las mujeres se fueron a toda prisa. Estaban asustadas pero a la vez llenas de gran alegría, y se apresuraron para dar el mensaje del ángel a los discípulos. Mientras iban, Jesús les salió al encuentro y las saludó. Ellas corrieron hasta él, abrazaron sus pies y lo adoraron. Entonces Jesús les dijo: «¡No teman! Digan a mis hermanos que vayan a Galilea, y allí me verán». (Mateo 28.2–10 NTV)

Luego les encomendó la gran comisión: «Vayan y hagan discípulos de todas las naciones [...] Y tengan por seguro esto: que estoy con ustedes siempre, hasta el fin de los tiempos» (Mateo 28.19–20 NTV).

Más adelante, en el libro de los Hechos, se describe la manera como apareció a ellos resucitado, en el aposento alto donde se encontraban orando. Allí les cumplió la promesa del Padre: el Espíritu Santo. «Recibirán poder cuando el Espíritu Santo descienda sobre ustedes; y serán mis testigos, y le hablarán a la gente acerca de mí en todas partes [...] hasta los lugares más lejanos de la tierra» (Hechos 1.8 NTV).

Su mensaje

Jesucristo llevaba su mensaje a las sinagogas, pero también predicó muchos de sus sermones al aire libre, para las multitudes. Uno de sus discursos más conocidos fue el llamado Sermón de la Montaña, en el que pronunció las bienaventuranzas (Mateo 5.3–10).

Las parábolas[2]

Otro de los métodos de comunicación asertiva utilizados por Jesús fue el de hablar a la gente por medio de parábolas. Entre las más conocidas están: el sembrador, la semilla que crece, el grano de mostaza, la cizaña, la oveja perdida, el siervo despiadado, los obreros enviados a la viña, los viñadores homicidas, los invitados a la boda, las diez vírgenes, los talentos, el buen samaritano y el hijo pródigo.

Los evangelios relatan que Jesús realizó veintisiete milagros. Catorce son sanidad de enfermedades, cinco liberaciones de demonios, tres resurrecciones de muertos, cinco prodigios naturales y tres de signos extraordinarios.

Los milagros
Sanidades

- La fiebre de la suegra de Pedro
- El leproso galileo mediante la palabra y el contacto de su mano

- El paralítico de Capernaum
- El hombre con la mano seca un sábado en una sinagoga, mediante la palabra
- La mujer que padecía flujo de sangre, que sanó al tocar el vestido de Jesús
- El sordomudo, escupiéndolo y diciendo: «Efata»
- El ciego en Betsaida, poniéndole saliva en los ojos e imponiéndole las manos
- Bartimeo, el ciego de Jericó
- El criado del centurión de Capernaum
- La mujer que estaba encorvada, mediante la palabra y la imposición de manos
- El hidrópico, en casa de uno de los principales fariseos
- Los diez leprosos, mediante la palabra
- El hombre que llevaba treinta y ocho años enfermo, en Jerusalén
- El ciego de nacimiento, untándolo con lodo y saliva
- Las cinco expulsiones de espíritus impuros (exorcismos)[3]

El próximo acontecimiento anunciado de Jesucristo es su segunda venida[4] en gloria, según lo relata la Biblia:

¡Miren que vengo pronto! Dichoso el que cumple las palabras del mensaje profético de este libro [...] porque el tiempo de su cumplimiento está cerca [...] Yo, Jesús, he enviado a mi ángel para darles a ustedes testimonio de estas cosas [...] y el que escuche diga: «¡Ven!» El que tenga sed, venga; y el que quiera, tome gratuitamente del agua de la vida. El que da testimonio de estas cosas, dice: «Sí, vengo pronto». Amén. ¡Ven, Señor Jesús! (Apocalipsis 22.7–20 NVI)

Su efecto contundente

Jesucristo es el comunicador más contundente desde el principio hasta el fin. Por eso, sin lugar a dudas, es reconocido como el líder más influyente de la humanidad. El que dividió la historia en dos: antes y después de Cristo. Habló de amor, esperanza, paz y libertad de manera inusual y contra corriente. El suyo no fue tan solo un discurso político o motivacional para agradar a la gente. Sus palabras fueron vida y poder para quienes le escucharon. Porque no habló como los religiosos que presentaban la ley, sino que transmitió un mensaje con autoridad, con toda la dimensión de la gracia.

Aunque se refirió a asuntos que no son tan «taquilleros» ni suben el «rating» —como el del perdón, que revolucionó a la amargada y resentida filosofía existencialista—, se expresó con palabras que hasta el momento nadie había dicho. Porque no se mostró como un líder más o un profeta más, sino como el Hijo de Dios.

Su gracia y su amor inagotables le dieron fortaleza hasta al más débil y desesperado. El efecto contundente de Jesucristo hizo que mostrara habilidades sobrenaturales como el comunicador más asertivo, persuasivo y de alto impacto de todos los tiempos. Su capacidad de llegar a la gente con tanta calidez y propiedad, su impresionante nivel de conexión con la mirada, su maestría con la palabra para persuadir... en fin, todo lo que es en esencia como comunicador.

El efecto que causó con ese «algo» sobrenatural que transmitió con su expresión oral, su locución y su discurso, formaron parte de su plan de salvación, de sus milagros, de su resurrección y cualquier otro de sus misterios espirituales. Como referente, Jesucristo es un reto para los que somos investigadores y promotores de la comunicación inteligente.

El efecto de Jesús ha impactado a hombres, mujeres, jóvenes, ancianos, niños, de todas las épocas. Uno de los mejores actores y directores de cine, Mel Gibson, dirigió en el 2004 una película sobre la pasión de Cristo. Ha sido una de las más vistas de la historia del cine.[5]

Después de ver *La pasión*, una y mil veces, desde mi óptica de consultora en comunicación, dedicada a empoderar líderes y ejecutivos en sus habilidades comunicacionales, confirmo el diagnóstico de Jesucristo y su efecto contundente. Es un deleite analizar el efecto que causó el Comunicador de comunicadores. El Maestro de maestros. El Líder de líderes de la asertividad, la persuasión y el alto impacto, por todos los siglos.

Una de las claves de su comunicación fue la actitud que asumió. El impacto y asombro que generó en la gente no fue por discursos arrogantes. Fue, al contrario, por su humildad y mansedumbre mostrada en todos los escenarios. La condición de servicio y la humillación hasta la muerte, por obediencia.

El efecto contundente de Jesús no se relaciona con una comunicación atiborrada de mensajes de control mental, ego inflado o dominio de la gente a través de su dinero. Tampoco se le escuchó un discurso fundamentado en algo así como «Los cinco pasos para ser mucho más rico» o «La ley del pensamiento ultrapositivo para ser feliz». Al contrario, lo que dijo fue: «En este mundo afrontarán aflicciones, pero ¡anímense! Yo he vencido al mundo» (Juan 16.33 NVI). Planteó la victoria y el triunfo, pero basados en el morir al yo y renacer a una vida nueva en él. No en el yo como centro del universo.

No planteó métodos para el crecimiento personal, ni nuevas leyes para obtener estabilidad financiera, ni claves para ser más efectivo, ni estrategias para la reingeniería del cambio. Aunque todo su mensaje produce como resultado todas las anteriores, su comunicación estaba dirigida a llevar a las personas a poner la mira en las cosas del cielo, no en las de la tierra. Por eso su resultado era superior y extremo.

Su invitación era a no afanarse, a no temer, a confiar en el Padre como proveedor:

No se preocupen por su vida, qué comerán o beberán; ni por su cuerpo, cómo se vestirán. ¿No tiene la vida más valor que la comida, y el cuerpo más que la ropa? Fíjense en las aves del cielo: no siembran ni cosechan ni almacenan en graneros; sin embargo, el Padre celestial las alimenta. ¿No valen ustedes mucho más que ellas?... Más bien, busquen primeramente el reino de Dios y su justicia, y todas estas cosas les serán añadidas. (Mateo 6.25–33 NVI)

Los líderes de la época no entendían por qué lo seguían tantas personas, si no les ofrecía nada más que la negación de sí mismos. No les proponía nada atractivo o seductor. No los inducía con charlas motivacionales que los llevaran a la emoción para elevar el impacto en las ventas de su negocio y ser más rentables.

Su mensaje era contracultural. No hablaba de los placeres de este mundo, sino del reino de Dios, que se mueve con otros parámetros y desde otras perspectivas. Su invitación era al cambio, pero a partir de un nuevo nacimiento. A la prosperidad, el bienestar y la vida en abundancia, pero basados en la humildad y la fe en el amor de Dios.

A un principal entre los judíos llamado Nicodemo, que se le acercó de noche para preguntarle cómo alcanzar la vida eterna le respondió:

—De veras te aseguro que quien no nazca de nuevo no puede ver el reino de Dios.

—¿Cómo puede uno nacer de nuevo siendo ya viejo? —preguntó Nicodemo—. ¿Acaso puede entrar por segunda vez en el vientre de su madre y volver a nacer?

—Yo te aseguro que quien no nazca de agua y del Espíritu, no puede entrar en el reino de Dios —respondió Jesús—. Lo que nace del cuerpo es cuerpo; lo que nace del Espíritu es espíritu. No te sorprendas de que te haya dicho: «Tienen que nacer de nuevo». El viento sopla por donde quiere, y lo oyes silbar, aunque ignoras de dónde viene y a dónde va. Lo mismo pasa con todo el que nace del Espíritu. (Juan 3.3–8 NVI)

Más tarde, en un juicio contra Jesús, frente a los sacerdotes, Nicodemo lo defendió y les dijo: «¿Acaso nuestra ley condena a un hombre sin antes escucharlo y averiguar lo que hace?» (Juan 7.50–51).

Pero, ¿cómo hizo Jesús para influenciar e impactar a esos niveles tan altos? Es un prodigio de la comunicación. Con el efecto contundente, que confronta y estremece cualquier inteligencia natural. Cada frase de las buenas noticias de Jesucristo llega a profundidades donde la mente natural no alcanza. No fue un mensaje centrado en el humanismo mortal y perecedero. Su comunicación es el renacer a la esperanza de un cielo nuevo, de la vida eterna, de la redención. El planteamiento de un corazón y un mundo sin egoísmo, ni enfermedad, sin rencores ni odios, sino con paz y perdón.

Como comunicador, cumplió con la ley de oro para la comunicación inteligente: la empatía. Es decir, ser sensible y escuchar al otro, la necesidad del otro. Jesús no solo cumplió con «ponerse en los zapatos del otro», sino que les lavó los pies y les sanó sus heridas.

Muchos autores y conferencistas exitosos basan su mensaje en cómo «hacer» para vivir mejor, o en la importancia de saber, tener, poder... porque su enfoque y propósito corresponden a la necesidad de agradar a las personas y fomentar el impulso del «yo», del ego.

El mensaje de Jesucristo se fundamenta en el «ser». Habla al hombre y a la mujer interior, directo al espíritu. En el fabuloso encuentro que tuvo con la mujer samaritana (Juan 4) le habló acerca de su necesidad: saciar su sed espiritual. Le formuló las preguntas más poderosas que puede hacer un coach, la miró a los ojos y le dijo: «¿Dónde está tu marido? Y ella le contestó: No tengo marido. A lo cual Jesús le replicó: Dices bien, porque has tenido cinco maridos y, el que ahora tienes, no es tu marido».

La mujer no podía creer cómo le había hablado de manera tan asertiva acerca de su principal necesidad. Era un diagnóstico perfecto de su vida interior. Ella tenía una seria necesidad de ser amada. Una tremenda sed de amor y un profundo vacío emocional en su alma, que ningún hombre había podido llenar. Pero Jesús fue más allá, la llevó a llenar su espíritu. «El que cree en mí, como dice la Escritura, de su interior correrán ríos de agua viva» (Juan 7.38). Además: «Más la hora viene, y ahora es, cuando los verdaderos adoradores adorarán al Padre en espíritu y en verdad» (Juan 4.23). La persuasión de Jesucristo podía llegar hasta el alma y el espíritu, ¡hasta la médula!

Jesús como comunicador les dejó a sus discípulos un modelo de mensaje que no era propiamente un discurso para agradar a todos. Ni siquiera pensaba en ganarse al público con buenas obras, con gestas humanitarias, aunque siempre anduvo con profunda compasión por los que tenían hambre y sed. Sin duda, el centro del mensaje de Jesucristo era el amor.

Lo seguían los más vulnerables. Todos en busca de un genuino cambio de vida, que solo podrían lograr por medio del mensaje de arrepentimiento que les traía este innovador y persuasivo conferencista con su mensaje de amor que producía en ellos un efecto contundente.

Por eso no lo invitaban a los grandes hoteles de la época a dar conferencias, ni a los escenarios sociales a disertar sobre ciencias políticas, ni a las grandes corporaciones a pronosticar sobre finanzas internacionales, ni a los medios de comunicación a analizar las noticias de actualidad internacional. La comunicación de Jesucristo se basó en pensar solo en la necesidad del prójimo. Eso no le subía el *rating*, pero era su gran diferencial. Se enfocó en los más necesitados. Eso tampoco le elevaba el ranking, pero produjo un efecto contundente.

Su mensaje era uno solo: el amor. Aunque lo diversificara hacia valores universales como la paz, la fe, la obediencia, la honestidad, la alegría, la bondad, la humildad, la mansedumbre, la esperanza, la integridad.

Pensar en la necesidad del otro. Ese fue su centro. Y esa es justamente la clave de la comunicación inteligente. Nada más asertivo en una empresa que realizar presentaciones en las que lo más importante sea la necesidad del cliente. No su producto, misión, visión o valores corporativos. Por eso un comunicador inteligente necesita fijarse en el modelo más asertivo y contundente de la comunicación: Jesús. Conocerlo, estudiarlo, seguirlo paso a paso, imitarlo, permite ver los resultados de su persuasión poderosa.

Su modelo rompe todos los paradigmas cargados de antivalores como la prepotencia y el egocentrismo. Nada más persuasivo que la humildad. Nada más poderoso y confiable que la sencillez. Nada más distinguido que la prudencia. Jesús sabía guardar silencio. Se quedaba mudo ante los grandes líderes que lo instigaban para que hablara. Lo único que les contestaba era: «¡Tú lo has dicho!». Los dejaba atónitos, perplejos y sin saber qué hacer. Hasta el sol de hoy.

El efecto de Jesús es impresionante. Los deja a todos asombrados. Toca el corazón y lleva a profundizar en él con un deleite particular. Único. No ha existido en la historia uno igual. Su comunicación fue la más persuasiva. Las multitudes lo siguieron. Los religiosos lo negaron. Otros lo traicionaron y engañaron. Pero mantuvo su mensaje concluyente y firme, de principio a fin. Porque, hasta aquellos que lo perseguían, reconocían que su poder era un verdadero detonante de masas.

Su originalidad fue tal que no se preocupó por agradar a alguien. Tampoco convencer recargado de motivación con el fin de manipular y vender una idea o producto. Él la tenía clara: el propósito de su mensaje era establecer el reino de su Padre aquí en la tierra. Para lograrlo, utilizó la mejor ilustración experiencial y vivencial: su propia vida.

Su mensaje es directo, sus frases francas y sin rodeos: «El ladrón no viene más que a robar, matar y destruir; yo he venido para que tengan vida, y la tengan en abundancia» (Juan 10.10 NVI).

No preguntaba si le creían o no. Él vino a lo que vino. Habló en primera persona, de manera específica: «Yo soy el camino, la verdad y la vida. Nadie llega al Padre sino por mí» (Juan 14.6 NVI).

Y daba las claves más prácticas y sencillas para alcanzar la verdadera felicidad:

• Para el que cree, todo es posible. (Marcos 9.23 NVI)

- Yo soy la resurrección y la vida. El que cree en mí vivirá, aunque muera; y todo el que vive y cree en mí no morirá jamás. (Juan 11.25–26)

¡Qué manera de plantear una propuesta innovadora y llena de coraje, en medio de una sociedad afectada por la descomposición, la corrupción, la mentira, la injusticia, la insensibilidad, la pobreza, la violencia y la desesperanza!

El efecto contundente de Jesucristo estaba relacionado con lo que decía —el fondo—, su profunda filosofía de las frases célebres, pero también con cómo lo decía: la forma. Su mirada, su caminar, sus manos, su expresión, impactaban a todos los que lo veían y escuchaban.

La presencia de ánimo en su voz causaba un efecto tal que, muchas veces, debía movilizarse hacia lugares alejados, a muy tempranas horas de la madrugada, para que la gente no se le agolpara, lo estrujara y lo empujara. Su comunicación era efectiva y lograba resultados inmediatos. Aunque el «target» de su audiencia tenía un enfoque claro: los vulnerables, en muchas ocasiones se dirigió a jóvenes ricos, sacerdotes principales, recaudadores de impuestos, altos mandos militares, reyes y gobernantes.

A pesar de contar con porte de príncipe, estirpe de sacerdote, lenguaje de maestro, asertividad de comunicador de alto impacto, decidió caminar entre los más humildes y trabajar de manera infatigable para ayudarlos, liberarlos, consolarlos y sanarlos. Tanta autoridad no la toleraron los líderes religiosos y políticos de la época. Su mensaje, apoyado por las señales y evidencias de los milagros, se convirtió en conflicto para los gobernantes de entonces.

El efecto Jesucristo hizo temblar la tierra al morir. También al resucitar, al tercer día, cuando se les apareció primero a las mujeres y luego a los discípulos, con un mensaje ahora no solo de consuelo y misericordia, sino de victoria sobre la muerte, la enfermedad, el pecado. Con su resurrección, confirmó su mensaje de vida eterna. «Yo soy la resurrección y la vida. El que cree en mí vivirá aun después de haber muerto. Todo el que vive en mí y cree en mí jamás morirá» (Juan 11.25 NTV).

Siempre defendió a la mujer de los ataques machistas. Como en el caso de la adúltera, a quien iban a apedrear cuando él les grito: «Aquel de ustedes que esté libre de pecado, que tire la primera piedra» (Juan 8.1–11 NTV).

Utilizó el lenguaje adecuado para el momento, escenario y público oportunos. Cuando se dirigía a sus discípulos, les hablaba en forma directa. Pero si se trataba de la muchedumbre, entonces les dialogaba con parábolas para explicarles de una manera práctica y poderse dirigir a su incredulidad, terquedad y escepticismo histórico.

Cada parábola de Jesús conlleva un efecto contundente. Una obra maestra de la literatura. Un homenaje a lo simple, pero magistral. Un ejemplo perfecto de cómo ser profundo y sencillo a la vez. Ninguna figura de la historia del universo ha llegado a ese nivel de impacto. No solo tiene que ver con un discurso o una filosofía bien dicha. Sino con la demostración del poder de sus palabras, acompañadas de sorprendentes milagros que sanaban, liberaban y resucitaban a las personas, como en el caso de su amigo Lázaro (Juan 11.1–45).

El efecto Jesucristo está impregnado y sumergido en un mensaje sobrenatural y providencial, que se refiere más a lo celestial que a lo terrenal. Pero que coloca firme los pies en la tierra para decirle al mundo:

- «Yo soy la luz del mundo. El que me sigue no andará en tinieblas, sino que tendrá la luz de la vida» (Juan 8.12 NVI).
- «Yo soy el camino, la verdad y la vida. Nadie llega al Padre sino por mí» (Juan 14.6 NVI).

La gente le creía no solo porque era muy persuasivo con sus palabras, sino porque generaba un impacto en la vida de las personas que las llevaba al cambio definitivo. El efecto contundente de Jesucristo dejaba huellas imborrables en el corazón de cada individuo, tal como marcó la historia misma de la humanidad: «Antes y después de Cristo».

Es tan poderoso su mensaje que más de dos mil años después son millones de personas en el mundo entero las que lo siguen, lo leen y son tocadas hasta la fibra más profunda de su corazón por su extraordinario mensaje, por la forma como impactó al mundo con su propia vida, muerte y resurrección, generó el efecto más contundente de la historia.

Es tanto lo que podemos decir acerca del efecto Jesucristo que no cabría en la tierra los libros que podríamos escribir sobre él. Espero contar con el privilegio de publicar uno dedicado solo a él, muy pronto.

Es tan impactante el efecto contundente de Jesucristo, la influencia que ejerce sobre las personas que se conectan con él, que hoy en las redes sociales como Facebook y Twitter, no existe ninguna otra persona con más seguidores que dicen «Like» —me gusta— a los mensajes escritos por seguidores cristianos que cada día envían algún mensaje del evangelio desde su computadora.

¡Es impresionante! Si alguien abre un perfil en Facebook con el nombre y la foto de Jesucristo en la película *La pasión*, de Mel Gibson, o en otra ilustración que hable en primera persona para consolar, animar, dar misericordia y amor, cada día, más de 10,000 personas contestan al instante: «¡Me gusta!». En menos de una hora. No importa cuál sea su denominación religiosa.

Si alguien coloca en la biografía de su Facebook alguna frase de Jesucristo, ningún otro mensaje de los que envía como reflexión a sus amigos les gusta tanto. Hoy en día, gente de todas las edades, países y perfiles aman el mensaje de Jesucristo.

Es el efecto contundente en acción. Es tan efectiva la comunicación del hombre que caminaba por las playas de Galilea sin pretensiones, con un mensaje claro, sencillo, preciso, conciso y exacto, que el mismo mensaje de entonces funciona hoy para millones de personas en el planeta. Más de dos mil años después.

Gran parte del mundo lo sigue por el efecto que causó con su comunicación. Y los que le siguen son multiplicadores que llevan a otros miles a seguirle. Lo dijo en uno de sus mensajes magistrales: «El cielo y la tierra pasarán, pero mis palabras jamás pasarán» (Mateo 24.35 NVI).

Invitar a Cristo en persona hoy, a ser conferencista en algún salón de convenciones de Nueva York, París, Londres, Miami o algún país de Latinoamérica, sería un gran impacto. Solo piense por un momento en esa imagen: Cristo con su traje azul de mentor, con su corbata roja y camisa bien blanca, sin manchas ni arrugas, con su cabello rubio, ondulado, su mirada penetrante y su rostro deslumbrante, parado al frente de un público. Eso sería realmente magistral. ¿Se imagina los aplausos y la ovación apoteósica?

Nadie podría decir las cosas que él diría, con tanta gracia, autoridad y poder. El efecto contundente haría temblar a los medios de comunicación y las multitudes lo seguirían como «fans» a donde fuera. Creo que alguna mujer, divorciada, con un cáncer de matriz, empujaría a todos en la fila del teatro o de la sala en Broadway para tocarle el saco de lino. Él, en medio de la gente que lo aprieta para firmar autógrafos dirá: ¿Quién me tocó? Y la mujer asustada, sin un dólar para pagar médicos oncólogos costosos, lo miraría a los ojos y le diría: Fui yo, Señor».

Imagino que lo que sigue es una mirada fija y tierna de Jesús a la mujer. Se quita la corbata para que no le estorbe más a su sencillez y le permita acercarse a ella. Se despoja de su chaqueta azul... la cubre... no le importa el olor a sudor y mugre de la mujer, y con un ademán de compasión y poder, coloca su mano sobre su cabeza cansada, adolorida, un poco trastornada, y le dice: «Mujer, tu fe es más grande que la estatua de la Libertad en Nueva York, ¡sé libre!».

Con solo un toque de Jesús, la mujer quedaría sana y salva. Regresaría a su tierra natal, recuperaría no solo su salud sino su autoestima, por haber recibido tanto amor de alguien que la hizo sentir más importante que toda una multitud que lo felicitaba por el éxito de su conferencia.

Seguro que lograría encontrar un trabajo, salir adelante, comprar una casa nueva y, por supuesto, salir a contarle a todo el mundo en su pueblo latino que «ese hombre maravilloso me tocó, me sanó, me liberó, ¡y me amó!».

Entonces muchos empezarían a buscar por Google al personaje, para ir a verlo en su próxima conferencia, tal vez esté de gira por Europa, o se haya ido al África, a dar una charla sobre «El poder del amor». Pero a dondequiera que fuera, la gente lo seguiría, los medios lo asediarían, las mujeres abandonadas lo buscarían para llorar de amor y gratitud a sus pies, después de ungirlo con el perfume Dolce & Gabbana, Chanel No. 5, Carolina Herrera, o cualquier otra deliciosa fragancia de moda.

Claro que algunos líderes religiosos terminarían por negarlo. O lo difamarían diciendo que se trata de un rebelde que quiere formar una secta. Y otros con intereses políticos le pagarían un soborno para que hablaran mal de él en Twitter y comenzaran toda una campaña de desprestigio para bajarlo de la fama, porque sería una completa amenaza para sus intereses. Pero seguro que él seguiría en su tarea. Sin parar. Con la sonrisa de alguien que cuenta con el efecto más contundente de la historia. Para siempre.

Veinte frases clave del efecto contundente de Jesucristo:

- Yo soy el camino, la verdad y la vida.
- El que cree en mí, de su interior correrán ríos de agua viva.
- Al que cree, todo le es posible.
- Yo soy la luz del mundo, el que me sigue no andará en tinieblas.
- Yo soy el buen pastor que da su vida por las ovejas.

- No he venido para servir, sino para ser servido.
- Amar a Dios por encima de todas las cosas, y al prójimo, como a ti mismo.
- Quien quiera ser el primero, debe servir a los demás.
- Si alguno quiere ser mi discípulo, niéguese a sí mismo, tome su cruz cada día, y sígame.
- Nadie pone remiendo viejo en vestido nuevo, porque ambos se dañarán.
- Ninguno enciende una luz para colocarla debajo de la cama.
- Ustedes son la luz del mundo, y si la sal pierde su sabor, ¿quién la salará?
- El consolador, el Espíritu Santo, les recordará todo lo que les he dicho.
- Fariseos hipócritas, limpian lo de fuera del vaso, pero lo de adentro está sucio.
- Conocerán la verdad y la verdad los hará libres.
- Dichosos los limpios de corazón, porque ellos verán a Dios.
- Dichosos los que tienen hambre y sed de justicia, porque ellos serán saciados.
- Dichosos cuando hablen mal de ustedes mintiendo, porque su galardón es grande en el cielo.
- Dichosos los que lloran, porque serán saciados.
- Padre, perdónalos, porque no saben lo que hacen.

CAPÍTULO 11

EL **EFECTO** EXTRAORDINARIO DE LA GENTE ORDINARIA. ¡VALÓRELO!

VIVIMOS EN UN MUNDO QUE PARECIERA ESTAR DIVIDIDO POR una línea delgada: a un lado están los famosos, que aparecen todos los días en los medios y son noticia por cualquier cosa que hagan y, al otro lado, la gran mayoría de los desconocidos, que viven día a día en el anonimato, como gente ordinaria, que caminan por las calles de la ciudad sin que nadie les pida autógrafos. En ambos lados se produce impacto e influencia. Porque las personas brillan con luz propia, independientemente de las cámaras, las luces, los paparazis y los clubes de fans.

Me produce una dicha enorme entender que el efecto no depende de la popularidad. Porque es una marca que también llevan las personas ordinarias, los «comunes y corrientes», los «de lavar y planchar», los que viven el día a día de manera silenciosa, desconocida y a veces ignorada, pero que deberíamos darles aquí más de un capítulo de referencias y aplausos, porque producen el efecto extraordinario de la gente ordinaria.

La mamá coraje, el papá héroe, el hijo agradecido, el profesor inolvidable, el vecino amable... aquí están, con un capítulo especial, para agradecerles su efecto que es —aunque silencioso, incógnito, inédito y poco registrado—, el más poderoso e influyente de todos.

Si pertenece a este grupo, por favor, escuche ahora las felicitaciones de cientos de miles de lectores que se unen hoy conmigo para decirle: ¡Gracias!

Lo ha hecho muy bien. Reciba este homenaje y comience a brillar desde este lado de la escena, como quien está seguro de que, aunque no obtenga fama y crédito, su efecto es trascendente e inolvidable. Porque está ahí para dejar legados y herencias que marcan las vidas, aunque nadie lo publique ni lo reconozca jamás.

El efecto mamá coraje

Cuando estaba en medio de la escritura de este fascinante libro, visité la casa de unos amigos en la Florida, Estados Unidos. Yo iba como conferencista a un evento editorial y ellos me atendieron como a una reina. Fueron en verdad espléndidos. Me llamó la atención, más que sus maravillosos halagos y espléndidas atenciones, ver a la señora de la casa mientras cumplía sus labores de mamá.

Siempre me levanto muy temprano, de madrugada, y busco la sala del lugar donde estoy, preparo un café descafeinado y me siento a leer. Pues fue por esta rutina espléndida de madrugar para ver la vida más temprano que pude apreciar en esos días a esta mamá levantarse a preparar el desayuno para sus hijos que iban al colegio, alistar la ropa para su esposo, ordenar todo lo que ella debía llevar a su trabajo y abordar el auto para salir de prisa a la gran autopista.

Ella está siempre atenta a todo. Organiza su linda casa, asea hasta el último rincón, coloca las flores donde deben ir, paga los recibos de los servicios domésticos, se arregla muy bien su cabello y se maquilla sin exageración para estar bella cuando sus hijos y su esposo lleguen y, cuando están todos reunidos, busca el momento oportuno para poner una película que todos puedan ver y disfrutar juntos.

Antes de salir se entera de cómo va a estar el tiempo ese día para cerciorarse de que los chicos no se van a mojar por un aguacero (como los de la Florida) y, además de todo, al regreso se encarga de tomar una buena foto a la familia en la cena, para subirla a Facebook y Twitter con un comentario que diga a todos sus amigos y al mundo entero: «¡Eh! Aquí está la familia más bella del mundo!».

Si debe recortar el presupuesto por causa de la recesión, ella conoce los lugares más económicos de la zona para comprar, se ajusta el cinturón y comienza a preparar los menús más ricos, aunque más sencillos posibles. Si a su esposo le faltan cinco horas de trabajo en la computadora, se las arregla para acompañarlo un buen rato de manera que no se sienta tan cargado. Si a su hija le falta algo en el atuendo para el campamento, se busca la forma de comprarle una camiseta bien linda, pero muy barata, que la haga sentir feliz.

Aunque sea muy tarde en la noche, sabe que debe meter la ropa en la lavadora y luego pasarla a la secadora, porque de lo contrario no podrá iniciar las labores al día siguiente, o correrá el alto riesgo de llegar tarde a su trabajo, por lo cual la pueden despedir, y ese es un lujo que ella no se puede dar, por nada del mundo. Aunque quisiera.

Y para que las cosas vayan mejor mañana, prepara la ropa que se va a poner para ir a trabajar desde el día anterior. Todo combina de muy buen gusto, listo y a la medida. Así comienza un nuevo día. Muy bella, siempre bien puesta y con una sonrisa espléndida que llena su rostro e ilumina toda la casa con un «Hola, mi amor, buenos días», para iniciar así de nuevo la incansable jornada.

Si debe conseguir el dinero para la excursión, se las ingenia para trabajar un par de horas más, de tal manera que a su esposo no le quede tan pesado el gasto. Si debe recoger a su hijo en la casa de un amigo, hace lo que sea necesario para estar allí a la hora apropiada. Y cuando lo busca, llega con cara feliz a saludar a los amigos de su hijo... aunque esté muerta del cansancio y con ganas de salir corriendo para llegar a su casa y quitarse esos tacones altos y apretados que la agotan.

Ella sabe las fechas exactas de las vacaciones de todos en casa. Por eso comienza desde temprano a ahorrar y armar planes para ir a un buen sitio de camping en la temporada vacacional. No olvida ningún cumpleaños y mucho menos un aniversario. Sabe dónde guardar los teléfonos del jardinero, la farmacia, las emergencias de salud, la pizza o el pollo a domicilio.

Cuando está apurada —o sea, casi siempre—, sabe bien cómo cerrar la puerta del mueble de la cocina con una mano, mientras con la otra abre rápido la nevera para sacer una fruta y salir de afán, subirse al auto y maquillarse en el espacio de tiempo que le permita cada semáforo.

Después de su larga jornada de trabajo, en la que debe tratar con la presión de los resultados y de un jefe no tan fácil de llevar, llega a la casa agotada. Pero, claro, no se puede dar tampoco el lujo de acostarse a descansar. Debe acompañar a su hija en las tareas, revisar el daño en el baño de arriba, mandar a arreglar la chapa de la puerta principal y darle la comida al gato.

Si quiere leer un buen libro, debe trasnochar un poco. Pero como está tan cansada y no le quedan fuerzas, prefiere madrugar mañana o dejarlo para el sábado. Al fin y al cabo, ella siempre sabe encontrar el tiempo para todo.

Lo hace a las mil maravillas. En la reunión de mujeres de su iglesia da una charla sobre el libro y, de verdad, parece como si lo hubiera leído sin interrupciones durante un mes. ¿Cómo lo hizo? Nadie lo sabe. Pero creo que todo eso tiene solo una respuesta: el efecto mamá coraje.

Bueno, ni qué decir del tiempo en que debe ser toda una gacela para su esposo en asuntos de romance. Se aplica su mejor perfume, sonríe y prende velas con música de fondo, le prepara una cena deliciosa que a él le encante y está lista para atenderlo como él se merece.

Claro que, para conseguir ese nivel de supermujer conquistadora, debe mantenerse en forma, ir al gimnasio o a caminar en el parque, comprarse las mejores cremas antiarrugas, vestirse muy a la moda, mantener el cabello arreglado con el secador o la plancha, sin dejar de visitar periódicamente el salón de belleza para un buen corte de pelo, iluminaciones, manicura, pedicura, depilación con cera y todos esos procedimientos dolorosos y ¡muy costosos! Pero, no importa, ella lo hace con esmero, porque sabe que es la inversión de su vida: ser la mamá y la esposa más linda de todas.

La impulsa una especie de heroísmo mezclado con imaginación, amor, cariño, afecto, valentía, fuerza, vigor, gracia, belleza, pasión y dulzura. Un «chip» que solo logra el género femenino y que es parte del diseño de Dios cuando pensó en darle a Adán una «ayuda idónea».

La idoneidad de la mujer en las tareas que emprende como esposa, madre y profesional es en verdad fantástica, sobrenatural. Va más allá de un esfuerzo común y corriente. No lo puede evitar porque es parte de su esencia. Y todos a su alrededor se ven beneficiados por ese valor agregado que día a día ella les ofrece. El efecto «mamá coraje» genera a su alrededor una atmósfera de seguridad en la casa. A tal punto que si ella no está, nada es igual. Parece como si apagaran una luz.

Lo he visto en mi propia casa. Cuando salgo de viaje a dar una conferencia o a algún evento internacional, mis hijos siempre me reciben con letreros en colores que dicen: «¡Welcome! Eres la mejor mamá del mundo», «Nos hiciste mucha falta», «Gracias por estar siempre con nosotros». Y en el día a día se levantan, me abrazan, me dan un beso apretado y me dicen: «¡Te amo!».

Yo recibo feliz sus besos y sus lindas palabras con la seguridad de escuchar en cada una de sus expresiones una frase colgada: «¡Gracias mamá, por todo, todo, todo...!». Y cuando me voy y regreso de viaje, siento como si valoraran aun más lo que represento para ellos en casa.

Todo eso produce el efecto mamá coraje. Ellos lo sienten a su alrededor como una especie de almohada de plumas finas que les da una deliciosa sensación de confort y bienestar. Y aunque tienen claro que pronto partirán, porque es la ley de la vida, saben que, en ese momento, siempre contarán con su mamá, dondequiera que estén y para toda la vida.

Al hablar de mí, represento a cientos de miles de mujeres que ejercen este maravilloso papel en la tierra y que, aunque a veces no sea tan agradecido ni reconocido, lleva consigo un sello, una marca indeleble: mamá coraje. No son famosas, ni les piden autógrafos en la calle, ni pertenecen al jet set. Solo son conocidas en su ámbito familiar. Porque son mujeres ordinarias, que generan un efecto extraordinario.

Bueno a veces, aunque duela decirlo, son muchas las no reconocidas. A pesar de que se esfuerzan y esmeran, nadie les da abrazos de agradecimiento y afecto. Para ellas quiero hacer aquí una mención muy especial, porque aunque nadie las elogie ni aplauda, se merecen una placa de honor: Gracias por ser una extraordinaria ¡mamá coraje!

Y a aquellas que no se han esforzado por conectarse con ese «chip» natural de mujer idónea, que no se han ubicado aún en su papel, las invito a entrar en esta dimensión maravillosa que les cambiará la vida. Se sentirán felices de cumplir con el rol de su vida a cabalidad y con intensidad. Claro, como resultado obtendrán los abrazos que tanto extrañan y que son causados por el fantástico efecto mamá coraje. No se queje más. ¡Vívalo!

El efecto papá héroe

Parece increíble, pero a medida que continúo con el apasionante recorrido por las páginas de esta obra, me tropiezo con personas, libros, noticias y películas que me hablan del efecto. Justo ahora, que comienzo a hablar del efecto papá héroe, me tropiezo en la televisión con una película sensacional: «Papá por siempre», con Robin Williams y Sally Field. Confieso que la he visto por lo menos diez veces. ¡Me encanta!, y me imagino que a usted también, mi querido lector. Pero aunque la he repetido tanto, esta vez la vi desde la perspectiva del papá que causa un efecto en sus hijos.

La historia de «Papá por siempre» trata acerca de una pareja que se separa, pero tienen tres hijos. Él hace todo lo posible para estar con ellos, pero como no puede, se inventa a una típica ama de llaves inglesa, se disfraza de la «Señora Doubtfire» y desarrolla toda una serie de escenas geniales y divertidas para ganarse el corazón de los niños —cosa que consigue de inmediato— y para sacar al nuevo pretendiente de su esposa del camino.

Cada vez que la veo me divierto mucho. Pero esta vez la sufrí, desde la perspectiva del papá que hace lo que sea por no dejar de ver a sus hijos a diario. Por mantener su amor y poder estar a su lado siempre, en medio de una tremenda actuación de Robin Williams.

Cuando lo detuvieron en la corte dijo: «Mis hijos son como el aire que respiro y así como no puedo vivir sin aire, no podría vivir sin ellos». Mientras tanto, los tres niños no lograron volver a sonreír, porque solo al lado de ese papá divertido, sensible y desabrochado podían ser felices.

Porque, aunque ese papá no contaba con el dinero, la estampa, la preparación, el glamour y el aire de conquistador perfeccionista y romántico del otro pretendiente que llegó a merodear a la esposa, contaba con todas las virtudes de un papá ordinario que genera un efecto extraordinario.

Aunque no tenía trabajo ni era un alto ejecutivo prepotente y arrogante, aunque era un poco desfachatado y desordenado, que a veces desesperaba por sus locuras y en ocasiones desbarataba toda la casa con sus chifladuras, con su disfraz de señora demostró ser el más ingenioso, creativo, divertido, brillante, que sabía reír, jugar, cocinar delicioso, traer alegría a la casa, ser sensible con los problemas pequeños del hogar y de sus hijos y, sobretodo, amarlos de verdad y sin interés.

Al final, todos lo reconocieron. La esposa lo perdonó y quitó la demanda que le impedía ver a los hijos sin un vigilante del estado al lado. Y a partir de entonces comenzaron a verse todos los días, sin impedimento. Todo, por el efecto papá héroe.

Lo llamo así porque este hombre logra convertirse en el héroe más real de los hijos. Más rápido que Superman, más fuerte que Hombre Araña, más ágil que Batman. Este es el héroe de todos los hijos. Aun cuando no es el más esmerado, amoroso, ordenado, juicioso y cuerdo de todos, los hijos lo ven como un gigante al que aman y extrañan, por aquello del efecto papá héroe.

Mientras Dios creó a Eva con el «chip» de la ayuda idónea, al varón lo diseñó con el potencial de liderar como cabeza de la casa y aportar protección, seguridad, provisión, todas aquellas cosas que el efecto mamá coraje no puede lograr, por más que se esfuerce y pose de Mujer Maravilla.

Son miles de miles los padres en el mundo entero los que cada día generan este efecto en cada casa. Aunque su heroísmo sea silencioso y nadie se entere de sus angustias, aunque muchas veces no se les reconozca como es debido, es innegable que la figura paterna genera una seguridad y estabilidad en la casa que ningún otro héroe o heroína en el mundo puede lograr.

Sale temprano a buscar el pan de cada día, a veces debe viajar millas y millas por asuntos de trabajo, y llega a la casa agotado después de cumplir con la tremenda responsabilidad de proveedor. Es un valiente que se enfrenta a todo cada día para proteger a su familia. Abandona todos los placeres que sean necesarios para mantenerlos a ellos felices y tranquilos.

Bueno, con honda tristeza y seria preocupación debemos mencionar que en millones de casos negativos, los padres no cumplen con esa figura de héroe. En vez de ser protectores son indiferentes. En los peores casos, niegan a sus hijos, los abandonan y no se vuelven a acordar de ellos. Bueno, por supuesto esos padres no forman parte de este capítulo y son más bien objeto de otro estudio.

En mi casa somos cinco hijos y mi papá fue un verdadero héroe. No era el típico ejecutivo programado, ni tampoco un electricista que sabía arreglarlo todo, ni el hombre de la corbata impecable y la camisa de cuello blanco. Era un héroe atípico: vivía como un intelectual con gorra inglesa, bata de paño, pipa, rodeado de libros, aves, peces y jardines.

Ese era su efecto papá héroe, yo lo amaba y admiraba tal como era. Tanto, que hoy estoy aquí como su prolongación, dedicada a la tarea de escribir como me enseñó. Como profesor de periodismo, fue mi mejor mentor en el oficio de escribir, por años. Todos los ilustres intelectuales de Colombia lo consideraron un mentor inigualable en el arte de las letras. El Premio Nobel de Literatura, Gabriel García Márquez lo describe así en sus memorias, al contar la nómina de oro de periodistas de *El espectador*: «La nota con tema libre de Gonzalo González, llevaba la sección más inteligente y popular del periódico —"Preguntas y respuestas"—, en la que absolvía cualquier duda de los lectores».[1]

Más adelante agrega:

Mi primo Gonzalo González, con una pierna enyesada por un mal partido de fútbol, tenía que estudiar para contestar preguntas sobre todo, y terminó por volverse especialista en todo. A pesar de haber sido en la universidad un fútbolista de primera fila, tenía una fe interminable en el estudio teórico de cualquier cosa por encima de la experiencia. La demostración estelar nos la dio en el campeonato de bolos de los periodistas, cuando se dedicó a estudiar en un manual las leyes físicas del juego en vez de practicar como nosotros en las canchas hasta el amanecer, y fue el campeón del año.[2]

En mis memorias guardo la figura clara de un papá héroe con pinta de intelectual. Pero la verdad, su perfil de padre titán no será solo por su altísima capacidad intelectual. Me fascinaba cómo bailaba, cómo cantaba vallenatos y boleros con su guitarra, cómo contaba historias de manera magistral, cómo hablaba con pasión de su equipo de fútbol: el Junior de Barranquilla, de su tierra natal: Aracataca. Pero claro, también cuando dañaba las cosas de la cocina o la caja de herramientas, para construir con madera el Jeep Toyota a escala, idéntico al que teníamos en casa.

No era el papá típico. No se parecía en nada al de mis amigas en la universidad o a los que veía en las telenovelas. No era consentidor, ni se desvivía por dar besos y abrazos. A veces hasta me molestaban sus exigencias con mis textos de periodista (correcciones que por supuesto ahora amo). Otras veces no estaba de acuerdo con él. Pero igual, esa era mi figura máxima de admiración.

El efecto papá héroe produce una sensación de firmeza en la autoestima. De protección y confianza. Su figura es determinante para generar placidez y confianza. Aunque esté sentado viendo un partido de fútbol en pantuflas. Aunque viva lejos por un divorcio o no pueda ver a sus hijos sino de vez en cuando —como en el final de la película *Papá por siempre*— constantemente será el héroe de los hijos. Vaya a donde vaya, permanentemente llevará en la frente una marca: papá héroe. Su mejor efecto.

El efecto hijo agradecido

Entre los efectos más destacados de la gente ordinaria está el efecto extraordinario de un hijo y una hija agradecidos. Nada produce más alegría y satisfacción en el corazón de unos padres que la actitud agradecida en sus hijos. Así mismo, nada genera peor impacto que un hijo y una hija desagradecidos, que siempre se quejan por todo, que no valoran el esfuerzo de sus padres, que critican y le hacen mala cara a todo lo que hay en la casa. Si se hace algo, les parece malo, pero si no se hace, peor.

Esa actitud de un hijo desagradecido no solo genera desconcierto, desánimo, mal genio, pesadez y distanciamiento hostil con los padres, que se cansan de lidiar con el desagradecimiento y le cierra las puertas a las posibilidades de ser ayudado y bendecido por los padres, agotados de dar lo bueno y recibir lo malo.

El efecto del hijo agradecido produce el lado positivo del ambiente en casa. Genera sonrisas, buena onda, amabilidad, ternura, amistad, camaradería, entusiasmo, ganas de seguir en la lucha y, por supuesto, más gratitud. Porque una de las maravillas de la gratitud es su efecto multiplicador. Se contagia y se convierte como en un ambientador fresco, exquisito, sobre la atmósfera de la casa, o de cualquier espacio donde se aplique.

La inteligencia de un hijo que sabe conseguir lo mejor de sus padres está en saber decir gracias ante los detalles más pequeños, como el desayuno en la mesa, la mesada para ir a estudiar, la compra de unos nuevos calcetines o el pequeño detalle que le trajo mamá de su último viaje.

Recuerdo cuando mi papá me compraba un vestido en el cumpleaños o en la Navidad, siempre me parecía estupendo, perfecto, maravilloso y no solo le daba las gracias, sino que saltaba de alegría, sonreía feliz, lo abrazaba, lo besaba y le decía:«¡Gracias, gracias, gracias papi! ¡Me encanta!».

Nunca le pedía que lo cambiara por otro modelo. Para mí, el mejor siempre era justo ese que él me había escogido. Aún los recuerdo todos. El de florecitas naranjas con café, el blanco con un bordado azul, el de visos morados. Eran fabulosos. Pero lo que más recuerdo, aun más que los lindos vestidos, era esa cara de felicidad de él y su sonrisa por mi actitud de sincero y genuino agradecimiento. Siempre me la llevaré puesta en la memoria, como mi mejor traje.

Me imagino que ya usted sabrá cuál fue el efecto de esa actitud. Cada vez que me compraba un regalo de cumpleaños, Navidad o cualquier otra fecha, se mostraba de nuevo expectante por conocer mi respuesta de dicha y gratitud que llenaba la casa de fiesta y que siempre me celebraba. Casi que no podía esperar con el paquete para que yo lo destapara.

Por eso es que me encanta destapar regalos, disfrutar el momento de la sorpresa, vibrar con cada paquete, con sus colores, con la tarjeta y su mensaje, y la cinta con el moño. Por sencillo que sea. Me fascina decir: «¡Gracias... está muy lindo!». Me produce un latido acelerado en el corazón. No solo porque me gusta recibir lindos detalles, sino porque amo ver a la gente feliz cuando valoro sus regalos.

Es increíble, pero aun hoy, a su edad, mi mamá todavía me compra regalos lindos y los empaca de una manera que solo ella sabe hacerlo, para verme repetir siempre la escena de felicidad y escucharme decir la palabra milagrosa: «¡Gracias mami! ¡Me encanta!». Porque ella cuenta con la virtud de conseguir el detalle perfecto para cada uno de sus cinco hijos, sus doce nietos y su bisnieta.

No hay uno solo de toda la «tribu» González Andrade que no la ame con locura. Porque —a sus ochenta vigorosos y joviales años— siempre se las ingenia para encontrar el regalito perfecto para cada uno. Sabe, por ejemplo, que para mí los favoritos son aretes y anillos de perlas. Más allá de los regalos, el tema central es la alegría y la dicha que produce el corazón de un hijo agradecido. Si no cuenta con esa fórmula de vida, le regalo la receta para que la prepare día a día en su casa, en su trabajo y a donde vaya: Gratitud = Ambiente feliz.

Por esa cultura del agradecimiento enseñada desde mi casa por mis padres, me divierto mucho cuando doy regalos, más que cuando los recibo. Creo en la máxima que afirma: «Es más dichoso dar que recibir». Ahora soy yo quien disfruta del beneficio del agradecimiento en el brillo de las miradas de mis dos hijos, cada mañana, y en las de las miles de personas que trato en las empresas en las que soy mentora de comunicaciones.

Sin duda, el hijo y la hija agradecidos son los que más disfrutan de la ley del efecto bumerán o retorno. Por algo el sabio mandamiento de: «Honra a tu padre y a tu madre», es el único que lleva consigo una promesa: «para que disfrutes de una larga vida en la tierra que te da el Señor tu Dios» (Éxodo 20.12 NVI). También muchos de los proverbios sapienciales son dedicados a los hijos agradecidos, a los que se les considera sabios. Y a los ingratos se les tilda de necios: «El hijo sabio alegra a su padre; el hijo necio menosprecia a su madre» (Proverbios 15.20 NVI).

A veces no es tan fácil expresar gratitud. Tal vez usted no sea un hijo con la efusividad y extroversión para manifestarlo, pero existen muchas formas de transmitir agradecimiento, más allá de la extroversión y el entusiasmo. Hay muchos estilos de agradecimiento y diversas formas de ser agradecido. Puede ser a través de una carta, de una invitación a cenar, de una flor, una atención especial, lavar los platos de la cena, enviar una línea por correo, o simplemente una actitud positiva que muestre el agradecimiento en la mirada o en una sincera sonrisa.

La cultura del agradecimiento es un sello de garantía del éxito. Los hijos agradecidos serán líderes, padres, amigos, compañeros agradecidos. Se les notará en la oficina, la empresa, la universidad, el banco, el baño público, el restaurante. Toda la gente a su alrededor los apreciará como sobresalientes, porque son amables. Es decir, dignos de ser amados. Que se hacen amar.

Por eso recomiendo siempre, cuando capacito sobre el valor de la calidez empresarial, el ejercicio de decir: «Te agradezco», porque mejorará el clima organizacional y a la vez transformará la cultura comunicacional de la entidad. Decir gracias en el momento oportuno puede cambiar el rumbo de una decisión, abrir puertas enormes, generar cambios de paradigmas, romper barreras, derretir el hielo y desprender sonrisas en medio de un ambiente hostil.

Para lograrlo, he realizado serios ejercicios de transformación y cambio en las organizaciones. Porque los jóvenes profesionales llegan a la empresa con un paradigma mental: «Si soy querido y buena persona, se aprovechan de mí». Por eso la consigna es: «Debo ser prepotente y rígido para que me crean». Lo peor es que se mueven por los pasillos de la entidad, de 8:00 a.m. a 7:00 p.m., todos los días de su vida, con un mensaje en la frente: «No sonreiré... No daré las gracias... No seré amable... Porque no quiero perder mi autoridad».

Bueno, pues, es por esa cultura de antivalores traída a veces de la casa, del colegio, de la universidad o del mismo clima de la entidad, que el maravilloso efecto de dar gracias se ha convertido en un objeto raro, obsoleto y en vías de extinción.

Por eso mi apuesta con este libro, con las conferencias y talleres que dicto en todos los países donde me invitan es: «El rescate de la calidez», como un valor que incluye el ejercicio de sonreír en el ascensor, dar las gracias en los correos y saludar a las personas con sincera amabilidad.

No se imagina los resultados en las diferentes áreas de las empresas. Todo cambia. Es tan efectivo, que se llevan puesto un nuevo letrero en su frente, para lucirlo en la casa con sus familias: ¡Gracias!

Otro proverbio sabio dice: «La respuesta amable calma el enojo, pero la agresiva echa leña al fuego» (Proverbios 15.1 NVI). Le aseguro que no existe respuesta más blanda y gentil que la del agradecimiento. Conviértalo en un estilo de vida en su familia. Verá los resultados en la resolución de muchos conflictos y lo disfrutará en grande.

El efecto profesor inolvidable

Otro personaje que marca siempre las vidas —para bien o para mal— es el profesor del colegio o la universidad que produjo un efecto inolvidable. No sé si usted recuerda en este momento a alguno en particular. Esos que le dejaron recuerdos para siempre y que incluso le llevaron a tomar decisiones acerca de la carrera que escogió estudiar para enfocar su vida.

Puede ser un efecto positivo o negativo. Aunque en este momento la especialización en educación y el nivel de exigencia de la pedagogía es cada vez más alto, de todas maneras no dejan de existir los profesores arbitrarios, tercos, obsoletos, rígidos, que marcan a los niños, adolescentes o incluso a los jóvenes en las universidades, con sus comentarios insensatos.

El antiefecto del profesor inolvidable que le dijo a usted cuando niño: «Cállese que usted habla feo», puede traumatizar y bajar la autoestima a tal grado que, cuando ya son grandes y se encuentran en talleres y procesos de capacitación conmigo en la empresa, puedo ver un bloqueo fatal en su comunicación. La baja autoestima generada por ese profesor absurdo los lleva a comunicarse con temblor, timidez y palidez. Es insólito.

Gracias a los procesos de desbloqueo logrados en la comunicación de las personas y los líderes empresariales, me he encontrado incluso con mujeres en altos cargos, de más de cuarenta años que no sonríen en una presentación gerencial porque recuerdan siempre la voz del papá que les decía cuando niñas: «No se ría, las niñas decentes son serias». ¿Se puede imaginar ese bloqueo?

Cuando logramos encontrar con esta importante ejecutiva —en un proceso de coaching comunicacional—, la raíz de su trauma logró hacer una conexión interior impresionante que la liberó de las cadenas de esclavitud del papá bloqueador.

Aunque en este caso no era el profesor, sino el papá, igual conozco cientos de casos en los que las personas no quieren escribir bien porque la profesora les llevó a odiar la redacción y la gramática. Cuando comienzo un proceso de capacitación en documentos de alto impacto, puedo ver los rostros de los asistentes marcados por ese antiefecto del profesor inolvidable que les hizo odiar el oficio de escribir.

Lo peor es que deben convivir con este oficio toda la vida, porque de sus ocho a diez horas de trabajo diarias, por lo menos el ochenta por ciento la pasan en la labor de escribir o hablar. La comunicación es la competencia transversal que atraviesa todas las demás del liderazgo. Y de la vida personal.

La buena noticia es que existe el lado positivo de la compensación con el efecto profesor inolvidable que influye para bien. Marca para toda la vida, pero como impulsador y promotor de talentos. Llega a generar tanta seguridad en un niño o joven, que lo amará para toda la vida y vivirá con pasión la materia que le enseñó.

Mi papá, como profesor, generó siempre ese efecto inolvidable en sus estudiantes de las universidades donde se destacó por treinta años como maestro de periodismo y derecho. Impresionante escuchar hoy a cualquier persona que me encuentro y fue su alumno. Me dicen: «No puedo creer que eres la hija de Gonzalo González... ¡Tu papá fue mi mejor profesor, marcó mi vida!».

Fue un maestro de maestros en los temas del lenguaje. Enseñó a grandes hombres y mujeres que hoy brillan en las letras y el periodismo en Colombia y el exterior. Pero no solo era su capacidad intelectual la que marcaba, era la influencia que generaba con su forma de motivar, animar, valorar a cada estudiante, como el más inteligente y capaz de todos.

Para esos maestros que han dado su vida por la enseñanza, que muchas veces no son tan reconocidos, porque su tarea es más bien silenciosa y encerrada en el aula, donde no llegan las cámaras, ni los medios de comunicación. Para esos cuya vida se dedicó a la labor abnegada de fomentar la vida de otros. Para todos ellos, este homenaje en las páginas del efecto.

Hoy les damos las gracias porque han entregado todas sus horas y su cansancio a enseñar a otros, para que sean mejores personas. Se merecen grandes reconocimientos. Aunque sea la profesora de la escuela pública más alejada de un pueblito escondido en el mapa.

Aunque muchas veces sean tan mal remunerados y valorados. Aunque a veces sientan el peso de tener que preparar la clase del otro día, trasnochar con las notas de una lista larga de alumnos. Reciban hoy un merecido homenaje con un pergamino imaginario que diga: «Certificado de reconocimiento: Al maestro(a) inolvidable». ¡Gracias profe...!

El efecto vecino amigable

Todos recordamos al vecino que siempre saluda de manera amable y sonríe con calidez mientras dice: «Buenos días». El efecto que genera es muy placentero. Es muy triste ver en los vecindarios que las personas no saludan y además mantienen una actitud grosera y displicente hacia los demás, como si tuvieran la culpa de su malestar constante.

En las entidades a donde capacito, abordamos este tema con insistencia: la comunicación sana es determinante para el bienestar de las personas, pero también para la convivencia entre los compañeros y vecinos de escritorio.

Lo que impresiona es ver cómo, cada día más, la gente en los barrios, los condominios, las empresas, los centros comerciales, los antejardines de sus casas, etc., no saluda al que pasa por su lado. Mucho menos le sonríen. Tal vez sea por un asunto de inseguridad y desconfianza que nos ha llevado a mirar a cualquiera que se nos acerque con recelo, como posible agresor.

El efecto de saludar con una sonrisa amable a la gente a su lado puede marcar la diferencia para cientos de personas que se encuentran en su zona de influencia. Todo podría cambiar en el clima de una familia, una empresa o un país, si las personas comenzaran a practicar el ejercicio de convertirse en buenos vecinos para quienes están a su alrededor.

En ciertas mediciones empresariales hemos encontrado que una compañía financiera completa, con sus dos mil empleados, puede llegar a ser mucho más rentable y altamente efectiva si las personas cambian la rutina de hacer mala cara y comportarse como autómatas estresados y sumergidos en su cúmulo de problemas. Si como parte de la cultura comienzan a saludar en el pasillo, a sonreír, a ser amables, la empresa se convierte en el «great place to work»[3] que tanto anhelan ser las grandes compañías del mundo.

Se requiere de un ejercicio de la voluntad, dejar todo lo que está haciendo, parar el impulso acelerado y saludar al otro. O simplemente preguntarle cómo le pareció el partido de fútbol o cómo le fue en el almuerzo.

Si cada miembro de una familia pensara en dejar de lado su postura egocéntrica y comenzara a pensar un poco en los demás que conviven en la misma casa, seguro que la atmósfera sería mucho mejor. Pero si cada uno quiere zambullirse en su mundo, cerrar la puerta, conectarse a la computadora, bloquear el saludo y limitarse a vivir en su universo absorto y abstraído, los demás se perderán de la alegría de compartir con él o ella todo lo que tiene para dar.

Intento siempre saludar y sonreír a las personas en el ascensor del edificio de doce pisos donde vivo en Bogotá. También en el parque cercano a donde voy a caminar todas las mañanas durante cuarenta minutos. En cada empresa a donde voy, me gusta convertir cada espacio de relacionamiento con la gente en una oportunidad para ser amable y dar vida. Puedo ver en sus miradas el brillo del agradecimiento, cuando los saludo de manera amable. Aunque muchas veces me tropiezo también con caras amargas, ya sé que son los que más necesitan de un poco de dulce.

Todo puede cambiar en el día de una persona por una sonrisa amable que usted le dé. Comience a practicarlo y en poco tiempo notará el cambio. No solo en los demás, sino en usted mismo. Sentirá que el día a día se convierte en un transitar divertido y no aburrido. En un potencial para dar vida y felicidad a otros. Aunque le cueste. Comience hoy. De manera progresiva notará como su propia actitud conseguirá un cambio y caminará por el parque, la empresa, la casa... con un aire de triunfo sobre su propio egoísmo.

Comience a sonreírle a la gente cuando vaya en el automóvil hacia la oficina. Aunque todos quieran pelear, gritar, hacer mala cara y decir groserías por el problema de la movilidad y el tráfico caótico, comience a respirar profundo y a no contestar con altanería al que pita a su lado. Le costará mucho. Pero su salud mental, emocional y espiritual se lo agradecerá.

Si entre todos juntos comenzamos a cambiar la comunicación tensa y amargada, para construir una cultura comunicacional cálida y divertida, entonces gozaremos del efecto vecino amable. ¡Disfrútelo!

CAPÍTULO 12

DISFRUTE AHORA DEL **EFECTO** QUE USTED CAUSA Y AYUDE A OTROS A ENCONTRARLO. ¡TRANSMÍTALO!

DESPUÉS DE CONOCER Y ENTENDER ESTOS SECRETOS SOBRE LA proyección de su comunicación personal, usted está listo para emprender el camino hacia el éxito con esta revelación de todo lo que puede alcanzar a partir del efecto. Pero no quiero concluir sin dejar algo claro: No valdría de nada toda esta investigación exhaustiva de años, todo este legado, todas las horas de entrenamiento empresarial, las largas jornadas frente a la computadora, la gran labor editorial, los viajes de Latinoamérica a Estados Unidos si no cumplimos con el principal objetivo de este libro: que usted, mi estimado lector, disfrute del poderoso efecto que causa.

Permítame decirle algo más, y esta es la clave para disfrutar los secretos del efecto: comience a ayudar a otros a encontrar su efecto. De esa manera no solo cumpliremos el objetivo, sino que sobrepasaremos las expectativas esperadas. Cuando logramos que nuestros éxitos se transfieran a la gente que nos rodea, es entonces cuando de verdad podemos hablar de ser exitosos.

Si usted siente que aprendió algo especial, en estas páginas, que valió la pena la lectura y sabe que tiene una caja de herramientas para la vida en sus manos, si es capaz de proyectar su efecto de manera contundente, asertiva y con alto impacto, ¡felicitaciones! Ya no será el mismo.

Pero ahora cuenta con una responsabilidad frente a las personas en su zona de influencia. Ellos necesitan salir del sistema plano, aburrido, monótono, robotizado, de su comunicación, para comenzar a disfrutar el deleite de proyectarse mejor ante la gente, de empoderar sus fortalezas y conquistar el mundo a través de su propio efecto.

Para mí no existe nada más satisfactorio que empoderar a las personas, ver brillar sus talentos, llevarlos a otro nivel, a una nueva dimensión, por medio del reflejo deslumbrante de su propio efecto personal. Verlos pasar del «antes» al «después» con el cambio extremo de su comunicación es algo que me produce una verdadera pasión. Lo disfruto día a día, porque estoy segura de que la mejor forma de ayudar y servir a la gente es con el empoderamiento de su efecto personal.

Espero que llegue a ese punto de maduración en este proceso. Creo, sin lugar a dudas, que cuando uno da lo mejor de sí a los demás, se encuentra en la cúspide de su propio efecto. Piense por un momento, antes de finalizar esta aventura, en la gente que más ama, los que le interesan. También en los que están a su lado de manera circunstancial por su rol en la vida. ¡Todos ellos necesitan el efecto!

Para mí ha sido una experiencia poderosa saber que mis hijos, Daniel y Angie, cuentan a su edad —26 y 22 años respectivamente—, con un efecto espléndido frente a la gente. Son tremendos. No existe una sola persona que no los valore y los ame por ese «algo» que proyectan y que deja huella dondequiera que van. ¡Y ellos saben lo que tienen! Porque cuentan con el valor y la seguridad del más efectivo, importante y trascendental potencial: el efecto amor extremo. Además del de la calidez, la gentileza, la gracia. Hablo como mamá objetiva, por supuesto, y se me llena la boca.

Pero sabré que cumplí mi objetivo cuando a usted le pase lo mismo. Cuando viva feliz con la revelación de su efecto, cuando disfrute la dicha y la alegría de empoderar a otros, de llevarlos a un nuevo nivel y verlos sonreír por ello.

De esa manera, entre todos juntos lograremos la labor de construir esa cultura de la comunicación inteligente que soñamos. Esa es mi visión. El efecto extraordinario del efecto nos llevará a ser mejores personas, con excelencia en la proyección y capacidad de influencia positiva.

Viva al máximo su potencial y transmítalo a otros. Así lograremos el efecto multiplicador de la gente empoderada. Gente con efecto. Felicidades. ¡Transmítalo!

AGRADECIMIENTOS

A LAS EMPRESAS, ENTIDADES Y UNIVERSIDADES POR CONFIARME el entrenamiento de sus mejores líderes:

Bancolombia, Davivienda, Grupo Bolívar, Helm Bank (Banco de Crédito), Liberty Seguros, BBVA, GMAC Financiera, ALLY Financial Inc., Baker & McKenzie, Quala, Codensa, Coca-Cola, Avianca, ABN AMRO Bank, Uniandinos, Universidad de La Sabana, Universidad de los Andes, Kuehne + Nagel, Legis, Dirección Nacional de Planeación, Secretaría Distrital de Planeación, Auditoría General de la República, Movistar, Club Ecopetrol, Ejército de Colombia, Titularizadora Colombiana S.A., Microsoft, Fedex, Audilimited, Grupo Corona, World Vision International. En México: Universidad Victoria, Océano Editores. En Costa Rica: Volio & Trejos S.A. En Estados Unidos: MDE Latino, Equipo Visión, Amway, Equip, Lider USA.

A Larry A. Downs, vicepresidente de Grupo Nelson, por su excepcional capacidad como editor para impulsarme como autora y por su apoyo como amigo para continuar con ánimo en la tarea. Sin tregua. Por el efecto de hombre grande, el mejor *publisher*.

A Claudia Duncan, exdirectora de mercadeo de Grupo Nelson, por sus ideas creativas y su efectiva gestión para posicionar mis libros en todo Latinoamérica, Estados Unidos y Europa, a través de los medios de comunicación y las redes sociales. Por el efecto de mujer excepcional.

A Carlos Hernández, director de ventas internacionales de Grupo Nelson, por todo su aporte para llevar mis libros a todos los escenarios institucionales a donde llegaremos con los principios y valores, a través de la comunicación. Por el efecto *gentleman*, ¡sumercé!

A Roberto Rivas, por su amistad como director general de Grupo Nelson México. Por todo el acompañamiento en los eventos en el lindo DF y en los diferentes países a donde hemos llegado con los libros de comunicación. Por el poderoso efecto mexicano: ¡No te rajes!

A Lluvia Soto, directora de ventas hispanas de Grupo Nelson, por su trabajo impecable para llevarme a los principales escenarios de Estados Unidos como autora latina. Por su capacidad para avanzar en todos los espacios posibles. Por el efecto de funcionaria altamente efectiva.

A Graciela Lelli, por su ardua labor como editora. Por su paciencia y compromiso con todas mis obras y con esta en especial. Por el efecto de editora favorita.

A Patricia Santiago Schechter, especialista de mercadeo, por su originalidad y estilo propio en el diseño de las portadas y en todas las piezas promocionales. Por el efecto creatividad.

A Raúl Escobar Alzate, mentor y coach, por sus sabios consejos y sus preguntas poderosas que mejoran mi proyecto de vida. Por inspirarme para ser una mejor persona.

A Leidy Medina Villamarín, mi asistente de comunicación, por su labor juiciosa y excelente, sin la cual no podría continuar adelante. Por el efecto lealtad.

A los periodistas y directores de los medios de comunicación en Estados Unidos, Colombia y Latinoamérica, por su interés en publicar acerca de mis libros y temas de comunicación. Por el efecto difusión.

A todos mis amigos en las vicepresidencias y gerencias de Recursos Humanos y Gestión Humana de las principales empresas y universidades de Colombia y el exterior que me llaman día a día para dictar conferencias y entrenamientos a sus equipos. Por el efecto confianza.

A mi mamá, Stella Andrade de González, por su ánimo para que mis sueños sean realidad. Por el efecto amor.

A Dios, por encima de todo.

¡Gracias!

NOTAS

Introducción

1. Real Academia Española [RAE], *Diccionario de la lengua española*, 22ª ed, «Individuo», http://lema.rae.es/drae/?val=individuo.

2. Sonia González A., *Habilidades de comunicación escrita* (Nashville: Grupo Nelson, 2011); *Habilidades de comunicación hablada* (Nashville: Grupo Nelson, 2011); *Habilidades de comunicación y escucha* (Nashville: Grupo Nelson, 2011). http://www.amazon.com/s/ref=nb_sb_noss/190-3855172-0764330?url=search-alias%3Daps&field-keywords=mentoring+para+comunicadores. http://www.gruponelson.com/e-books.html.

3. Ibíd.

Capítulo 1: El efecto se transmite y se proyecta. ¡Concientícelo!

1. González, *Habilidades de comunicación escrita; Habilidades de comunicación hablada; Habilidades de comunicación y escucha.*

2. Gabriel García Márquez, «Manual para ser niño», 10 noviembre 2010, http://www.ciudadseva.com/textos/teoria/opin/ggm3.htm.

Capítulo 2: El tesoro de los siete secretos del efecto. ¡Encuéntrelo!

1. RAE, *Diccionario* «afecto», http://lema.rae.es/drae/?val=afecto.

2. Ibíd., «efecto», http://lema.rae.es/drae/?val=efecto.

3. Ibíd., «mnemotecnia», http://lema.rae.es/drae/?val=mnemotecnia.

4. Ibíd., «pasión», http://lema.rae.es/drae/?val=pasión.

5. González, *Habilidades de comunicación hablada*, p. 28.

6. «La marca es algo más que una palabra o un logo; representa toda la percepción que el cliente tiene de una empresa; es la imagen, la emoción o el mensaje que la gente recibe cuando piensan en esa empresa o sus productos. Se podría definir *branding* como "construcción de marca" [...] El concepto más comúnmente asociado a *branding* es "awareness" o notoriedad de marca, presencia de marca». Estr@tegia Magazine, «Branding. Construyendo una marca», 24 octubre 2007, http://www.gestiopolis.com/administracion-estrategia/estrategia/branding-construccion-de-marca.htm.

7. RAE, *Diccionario*, «innovación», http://lema.rae.es/drae/?val=innovación.

8. «El primer estudioso de la psicología de los colores fue Aristóteles, que describió los colores básicos relacionándolos con la tierra, el mar, el cielo y el fuego. Así mismo, Roger Bacon, Leonardo Da Vinci e Isaac Newton fueron otros estudiosos del color. El precursor de la teoría del color fue Goethe». «La psicología de los colores», 9 marzo 2010, http://www.filosofeando.com/index.php?option=com_content&view=article&id=284:la-psicologia-de-los-colores&catid=39:psicologia&Itemid=64.

9. Wordreference.com, *Diccionario de la lengua española* (© 2005 Espasa-Calpe), «coraje», http://www.wordreference.com/definicion/coraje.

Capítulo 3: ¿Cuál es su efecto personal? ¡Descúbralo!

1. «Etimología de entusiasmo», etimologias.dechile.net/?entusiasmo.
2. RAE, *Diccionario*, «entusiasmo», lema.rae.es/drae/?val=entusiasmo.
3. Ibíd., «hilaridad», http://lema.rae.es/drae/?val=hilaridad.
4. Alberto Bustos, Blog de Lengua Española, «Etimología de "entusiasmo"», 23 marzo 2011.
5. Mariano Arnal, El Almanaque, «Léxico de religión: Entusiasta», http://www.elalmanaque.com/religion/lex-relig/entusiasta.htm.
6. Semana.com, «Larry King anuncia el fin de su programa en CNN, tras veinticinco años», 30 junio 2012, http://www.semana.com/vida-moderna/larry-king-anuncia-fin-su-programa-cnn-tras-25-anos/141096-3.aspx.
7. González, *Habilidades de comunicación escrita*, p. 87.
8. Gabriel García Márquez, *Vivir para contarla* (Bogotá: Grupo Editorial Norma, 2002), http://www.elcolombiano.com/proyectos/gabrielgarciamarquez/GarciaMarquez/04Capitulo.htm.

Capítulo 4: Los beneficios del efecto. ¡Vívalos!

1. González, *Habilidades de comunicación hablada*, p. 105.

Capítulo 5: El efecto contrario o «antiefecto». ¡Elimínelo!

1. Wordreference.com, *Diccionario*, «exageración», www.wordreference.com/definicion/exageración.
2. Wordreference.com, *Diccionario*, «apatía», www.wordreference.com/definicion/apatía.
3. Para más información sobre la cultura Emo, ver «¿Qué debemos saber los padres sobre la cultura Emo?», 1 agosto 2009, http://www.slideshare.net/NexoCristiano/la-cultura-emo; y «¿Qué es un Emo?», 28 septiembre 2008, http://ciberprensa.com/que-es-un-emo/.

Capítulo 6: El vacío profundo de la falta de efecto. ¡Encuéntrelo!

1. González, *Habilidades de comunicación y escucha*.
2. González, *Habilidades de comunicación hablada*, p. 105.

Capítulo 7: El efecto no es carisma, es esencia personal. ¡Enfóquelo!

1. «Filosofía griega: Aristóteles», http://www.e-torredebabel.com/Historia-de-la-filosofia/Filosofiagriega/Aristoteles/Accidentes.htm.
2. Ibíd.

Capítulo 8: Empoderamiento personal y efecto. ¡Potencialícelo!

1. *Pedagogia do oprimido* (Nueva York: Herder & Herder, 1970, manuscrito en portugués de 1968). Paulo Freire nació el 19 de septiembre de 1921 en Recife, Brasil. Freire conoció la pobreza y el hambre durante la Gran Depresión de 1929, una experiencia que formaría sus preocupaciones por los pobres y que le ayudaría a construir su perspectiva educativa.
2. Resumido de http://es.wikipedia.org/wiki/Empoderamiento.

3. El más conocido libro de John Bunyan, escritor y predicador inglés, *El progreso del peregrino* (1678–1684). Es una alegoría espiritual autobiográfica que relata el viaje de Bunyan, bajo el nombre de Cristiano, desde la ciudad Destrucción a la ciudad Celestial.

4. B. R. Alhama, A. F. Alonso y C. R. Cuevas, *Perfeccionamiento empresarial. Realidades y retos* (La Habana, Cuba: Editorial de Ciencias Sociales, 2001).

5. Kenneth Blanchard, J. Carlos y A. Randolph, *Empowerment: Tres claves para lograr que el proceso de facultar a los empleados funcione en su empresa* (Bogotá: Norma, 1997).

6. H. Laschinger, J. E. Finegan, J. Shamian y P. Wilk, «A longitudinal analysis of the impact of workplace empowerment on work satisfaction», *Journal of Organizational Behaviors*, 24 (2004): pp. 527–45.

7. Ibíd.

8. S. T. Menon, «Psychological Empowerment: Definition, Measurement, and Validation», *Canadian Journal of Behavioural Science* 31 no. 3 (1999): pp. 161–64.

9. Blanchard, Carlos y Randolph, *Empowerment*.

Capítulo 9: Diagnóstico de ocho líderes mundiales con efectos especiales. ¡Analícelos!

1. ElMundo.com, «El Nobel de García Márquez», http://www.elmundo.com/portal/especiales/especiales/detalle.noticia.php?idespecial=17&idarticulo=395.

2. Citado en Alejandro Bruzual, «Gerald Martin: El biógrafo de García Márquez en su laberinto», *A contracorriente* 5, no. 1 (2007): pp. 185–200, http://www.ncsu.edu/acontracorriente/fall_07/Bruzual.pdf.

3. Citado en Sara Facio y Alicia D'Amico, *Retratos y autorretratos* (Buenos Aires: Crisis, 1973), pp. 65–66. Este libro de fotografía de Sara Facio y Alicia D'Amico incluye fotos de escritores latinoamericanos, tomadas entre los años sesenta y setenta, por ejemplo de Pablo Neruda, Alejo Carpentier y algunos aún desconocidos: Vargas Llosa, García Márquez, Carlos Fuentes. La selección fue de las fotógrafas y resultó una certeza asombrosa: todos trascendieron y cuatro fueron premiados con el Nobel: Pablo Neruda (1971), Octavio Paz (1990), Miguel Ángel Asturias (1967) y Gabriel García Márquez (1982).

4. González, *Habilidades de comunicación escrita*.

5. Citas tomadas de Frasedehoy.com, «Gabriel García Márquez - Datos del autor», http://www.frasedehoy.com/call.php?file=autor_mostrar&autor_id=828&page=1.

6. «Discurso de Steve jobs en Stanford (subtitulado)», 2005, http://www.youtube.com/watch?v=6zlHAiddNUY.

7. Walter Isaacson, *Steve Jobs: La biografía* (Barcelona: Debate, 2011).

8. Mario Escobar, *Los doce legados de Steve Jobs* (LID Editorial Empresarial, S.L., 2012).

9. Isaacson, *Steve Jobs*.

10. Carmine Gallo, *The Presentation Secrets of Steve Jobs: How to Be Insanely Great in Front of Any Audience* (Nueva York: McGraw-Hill Professional, 2010).

11. Citas tomadas de ElPais.com.co, «Las frases célebres de Steve Jobs», 6 octubre 2011, www.elpais.com.co/elpais/internacional/noticias/frases-celebres-steve-jobs; y AppleWebLog, «Las 30 mejores frases y citas de Steve Jobs», 6 octubre 2011, http://appleweblog.com/2011/10/las-30-mejores-frases-y-citas-de-steve-jobs.

12. José Lee Borges, «Estados Unidos, diez años después», 7 septiembre 2011, http://www.lacordillera.net/index.php?option=com_content&view=article&id=3496:estados-unidos-diez-anos-despues&catid=43:columnistas&Itemid=110.

13. Véase http://colombianitos.org.

14. Para más información, véase http://juanluisguerra.com.

15. «Afinación», http://es.wikipedia.org/wiki/Afinaci%C3%B3n#Siglo_XX_.28la_440.29.

16. Página de «Albums» en http://juanluisguerra.com.

17. Ibíd.

18. «Juan Luis Guerra – "Testimonio" (confesión de AMOR)», https://www.youtube.com/watch?v=V5H9G7RyVoI. El video relata el testimonio del artista Juan Luis Guerra, cantado por él mismo.

19. Véase la página de «Albums» en http://juanluisguerra.com.

20. Margaret Thatcher, «TV Interview for Granada *World in Action* ("rather swamped")», 27 enero 1978, http://www.margaretthatcher.org/document/103485.

21. Borja Bergareche, «Meryl Streep: "Thatcher no podía permitirse ni la risa ni las lágrimas"», 6 enero 2012, http://www.abc.es/20120106/cultura-cine/abci-entrevista-meryl-streep-201201060030.html.
22. Citas tomadas de Quotez.net, «Margaret Thatcher quotes», http://www.quotez.net/spanish/margaret_thatcher.htm.
23. Biografías y Vidas, «Martin Luther King», www.biografiasyvidas.com/biografia/k/king.htm.
24. Citas tomadas de Proverbia.net, «Martin Luther King», http://www.proverbia.net/citasautor.asp?autor=608 y Frases y Pensamientos, «Frases de Martin Luther King», http://www.frasesypensamientos.com.ar/autor/martin-luther-king.html.
25. Vatican.va, «Madre Teresa de Calcuta», http://www.vatican.va/news_services/liturgy/saints/ns_lit_doc_20031019_madre-teresa_sp.html.
26. Ibíd.
27. Ibíd.
28. Citas tomadas de Proverbia.net, «Madre Teresa de Calcuta», http://www.proverbia.net/citasautor.asp?autor=971&page=1.
29. Para más información, véase www.billygraham.org.
30. NoticiaCristiana.com, «Martin Luther King: "Sin Billy Graham, el movimiento de los derechos civiles no habría sido exitoso"», 16 enero 2012, http://www.noticiacristiana.com/ministerios/ministros/2012/01/martin-luther-king-%E2%80%9Csin-billy-graham-el-movimiento-de-los-derechos-civiles-no-habria-sido-exitoso%E2%80%9D.html.
31. Ibíd.
32. Citado en Jon Meacham, «Pilgrim's Progress», 13 agosto 2006, http://www.thedailybeast.com/newsweek/2006/08/13/pilgrim-s-progress.html.
33. Citas tomadas de «Frases de Billy Graham», 9 mayo 2012, http://frasescristas.wordpress.com/2012/05/09/frases-de-billy-graham/.
34. Billy Graham, *Casi en casa* (Nashville: Grupo Nelson, 2011), p. viii.

Capítulo 10: El efecto contundente del líder más influyente de la historia: Jesucristo. ¡Sígalo!

1. Para más información, véase http://www.biografiasyvidas.com/biografia/j/jesucristo.htm.
2. La definición de *parábola* proviene del griego «parabole». Significa poner una cosa al lado de la otra. Y al adaptarlo al sentido literario, significa la comparación de una situación imaginaria con otra de la vida real. Dentro del lenguaje espiritual cobra mucho sentido para la aplicación sencilla y clara de las enseñanzas. El lector o público debe descubrir la lección implícita en la historia contada.
3. La lista ha sido compilado a base de Bligoo, «Jesucristo y sus milagros según los Evangelios», http://almadeluzindigo-elconocimientoespiritual.bligoo.com/jesucristo-y-sus-milagros-segun-los-evangelios#.UJ1e7W_LSSo.
4. Para más información, véase «¿Es la segunda venida de Cristo inminente?», http://www.segundavenida.net/PDF%20Files/InminenteSegundaVenida.pdf.
5. Para más información, véase http://www.lapasiondecristo.aurum.es/splash.html.

Capítulo 11: El efecto extraordinario de la gente ordinaria. ¡Valórelo!

1. García Márquez, *Vivir para contarla*.
2. Ibíd.
3. Se traduce «Un gran lugar para trabajar», tomado de: http://www.greatplacetowork.com. Actualmente existe el Great Place to Work Institute, que es una organización global de recursos humanos, consultoría, investigación y formación especializada en la confianza en la organización. El Great Place to Work® Modelo se basa en veinticinco años de investigación y en datos recogidos a través de la encuesta Trust Index, que ha sido tomada por más de diez millones de empleados en todo el mundo. Ha hecho mediciones en cuarenta y cinco países de los seis continentes. En Estados Unidos, produce en la revista *Fortune* la lista de las 100 mejores compañías para trabajar y la lista de Great Place to Work.

ACERCA DE LA AUTORA

SONIA GONZÁLEZ A., FUNDADORA Y DIRECTORA DE SGA
Consulting & Mentoring es reconocida autora, conferencista y mentora internacional para el desarrollo de competencias en comunicación, liderazgo y valores. Es la autora de *El condor herido* y del capítulo colombiano de *Rostros de la violencia en América Latina y el Caribe* de World Vision International. Ha sido colaboradora en medios de comunicación en Colombia, como *El tiempo*, *El espectador*, *Diners* y *Credencial*. Desde su país Colombia, viaja por todo Latinoamérica dando programas de entrenamiento empresarial. Es presidenta de la Fundación Cielo Nuevo y ha dirigido publicaciones especializadas como la Revista *DAR!* que circuló con *El tiempo* en Colombia y *El nuevo herald* en Miami y el sur de la Florida.